企鹅人生

但丁

〔美〕R. W. B. 刘易斯 著
张心童 译

生活·讀書·新知 三联书店

带着感激和爱

献给福斯托、丽塔和弗兰切斯卡·迈纳斯

目　录

但丁：不折不扣的佛罗伦萨人

当你今日走过佛罗伦萨的旧桥（Ponte Vecchio），你会发现一块牌匾，上头引用了但丁《神曲》（*Divine Comedy*）里的一段话。这段话出自但丁的祖先卡洽圭达（Cacciaguida）。《神曲》中描述道，诗人但丁漫游层层天堂，在经过圣战士所在的天国高层时，与卡洽圭达相遇。他们心情沉重地回忆起1216年，也就是但丁出生前差不多五十年，发生在他出生地的一件大事——布翁德尔蒙特·布翁德尔蒙提（Buondelmonte dei Buondelmonti）凶杀案。这个事件令佛罗伦萨陷入了几十年的动荡。布翁德尔蒙特是一个负心的贵族，突然抛弃来自阿米代伊（Amidei）家族的未婚妻，娶了聪明人马东纳·多纳蒂（Madonna Donati）更为美丽富有的女儿。阿米代伊家族因此恼羞成怒，其亲戚乌贝蒂（Uberti）家族施以援手，一班人马在复活节早晨，埋伏在了布翁德尔蒙特必经的旧桥旁。当身着闪闪白衣的布翁德尔蒙特骑着白马过桥时，伏兵一拥而上，将其碎尸万段。

卡洽圭达说道，这事一出，佛罗伦萨从此永无宁日。这场祸事发生的地方恰好矗立着一座古老的战神玛尔斯（Mars）雕像，可谓意味深长。家族战争从此接踵而至，佛罗伦萨进入了争权攘利的族群恶战。

但丁是佛罗伦萨无与伦比的诗人兼史学家，也是这座城市热切的观察守望者。他是佛罗伦萨的苦楚与创伤的产物。三十多块引用了《神曲》片段的牌匾散落在佛罗伦萨的各个角落，记载着但丁三十五年佛罗伦萨生活里的人事片影：阿尔诺（Arno）河和旧桥，庄严肃穆的洗礼堂［但丁称之为“美丽的守护神圣乔瓦尼（San Giovanni）”］，但丁居所附近一条显贵聚集的要道科尔索大街（Via del Corso），巍峨耸立在阿尔诺河南面的圣米尼亚托教堂（San Miniato），伟大的人道主义者也是但丁古典文学启蒙老师的布鲁内托·拉蒂尼（Brunetto Latini），佛罗伦萨吉伯林党派（Ghibellines）中最骁勇善战的法里纳塔（Farinata）；当然还有但丁秘密爱恋的贝雅特丽齐（Beatrice）。《炼狱篇》（*Purgatorio*）的结尾有一段对贝雅特丽齐的描写：她披着绿斗篷，鲜亮如焰，橄榄叶花冠下的面纱洁白如雪，带领但丁穿过层层天堂。表现这个场景的牌匾附属于科尔索大街四号的宫殿。这座宫殿曾是贝雅特丽齐父亲福尔科·波尔蒂纳里（Folco Portinari）的殿宇。

但丁与佛罗伦萨的渊源之深之切，若放在当今，怕是难为世人所理解。他不仅生于斯，长于斯，他一切的一切，都源于斯。他就是但丁·阿利吉耶里（Dante Alighieri），一个有着经典形象、脾性有时乖戾的独特人物。他有密切往来的朋友，比如他喜欢打趣的邻居福雷塞·多纳蒂（Forese Donati）；他有文学上的伙伴，如比他年长的诗人圭多·卡瓦尔坎蒂（Guido Cavalcanti）；他也有不共戴天的敌人，比如福雷塞·多纳蒂的哥哥科尔索·多纳蒂（Corso Donati）。但丁还有个只消默默观望就终生难忘的梦中情人贝雅特丽齐。可惜贝雅特丽齐二十五岁便香消玉殒。几年之后，但丁写下了他的第一部重要作品《新生》（*Vita Nuova*），以诗歌和散文的形式，纪念他自九岁起就萌生的对贝雅特丽齐矢志不渝的爱恋。随着时间流逝，他也娶妻并育有三个孩子（他的妻子性格稳重，也来自多纳蒂家族）。然而但丁个性热情，曾不止一次地追求佛罗伦萨的年轻少女，正如他自己在《地狱篇》（*Inferno*）开篇中所形容的，他这是“迷失了正路”①。但丁在有生之年就得到了世人的肯定。当人们开始竞相传阅《神曲》的前两部时（大约在1315年），他就

① 本书中关于《神曲》（《地狱篇》《炼狱篇》《天国篇》）内容的引用参考自人民文学出版社田德望散文体译本，除非特殊注明。其余引文为本书译者译。书中页下脚注均为译者注。

被誉为意大利最伟大的诗人，那个时代至高无上的诗人。但丁始终是一个不折不扣的佛罗伦萨人，在某种意义上，他的旷世杰作《神曲》就是围绕佛罗伦萨展开的：它表达了但丁对这座城市的眷恋，对迫使他踏上流亡之路的阴谋者的愤慨，以及对重归故里的渴望。

但丁的一生都与佛罗伦萨的历史密不可分。当时，欧洲有所谓的贵尔弗派（Guelphs）和吉伯林派，佛罗伦萨的历史就是由这两派的党争演化而来的。这两个词源于德语中的“Welf”和“Weiblingen”，起初指的是12世纪两个争战的德国贵族家庭。随着这场对战在13世纪初愈演愈烈，吉伯林派成为效忠神圣罗马帝国皇帝的一方，支持皇帝在欧洲的绝对权威，而贵尔弗派则成为效忠罗马教皇的对抗力量。两个党派在佛罗伦萨和博洛尼亚（Bologna）等城市到了兵戎相见的地步，这两个家族的名字也从大的权威争战演变成了地方派系争战的代名词。在佛罗伦萨，布翁德尔蒙蒂家族属于贵尔弗一派，阿米代伊和乌贝蒂家族则属于吉伯林派。

贵尔弗派与吉伯林派在托斯卡纳地区内的恶战，在1215年后的半个世纪先后达到了两个高潮。（这期间时有小的动荡发生，比如吉伯林派在1248年捣毁了贵尔弗派在佛罗伦萨的三十六座塔楼，而在两年后，贵尔弗派也做出回击，到处破坏吉伯林派的房屋住所，满街可见断壁残垣）。1260 年，吉伯林派在锡耶纳（Siena）附近阿尔比亚（Arbia）河上的蒙塔佩蒂（Montaperti）村庄取得了决定性的胜利。贵尔弗派的主要家族力量被放逐出城，这个城市也差点儿灰飞烟灭。吉伯林派的指挥官们在佛罗伦萨以西的恩波利（Empoli）会面，投票决定要将佛罗伦萨夷为平地。其中只有法里纳塔·乌贝蒂（Farinata degli Uberti）一个人站出来反对。他宣称，自己首先是个佛罗伦萨人，其次才是吉伯林派，并发誓要用自己的刀剑来捍卫这座城市。好在吉伯林派最终改弦易辙，没有将佛罗伦萨夷为平地，而是拆毁了其中的一百零三座宫殿、五百八十所房子以及八十五座塔楼。

贵尔弗派在 1266 年重新掌控了佛罗伦萨，他们对法里纳塔非但不领情，反而恩将仇报，摧毁了乌贝蒂家族的所有建筑，并颁布法令称，将来不会再在那个被诅咒之地修建楼宇。今日那地方已是领主广场（Piazza della Signoria）的所在地了［这就是为什么自从 13 世纪 90 年代起，旧宫（Palazzo Vecchio）就处在边缘地带，而非如人所愿，位于广场中心］。但丁在《地狱篇》中描述了他在地狱第六层，即异端邪说信徒所在地，遇见法里纳塔的情形。法里纳塔是吉伯林派的首领，他一动不动地躺在烈火燃烧的石棺中，向但丁打听贵尔弗派对他的家族进行的狂烈的报复迫害。但丁这样对他描述吉伯林派的灾难：

> 鲜血燃红阿尔比亚河水的可怕的大屠杀。

正是吉伯林派之前的屠戮大大激起了佛罗伦萨贵尔弗派心中的怨恨。尽管如此，法里纳塔说道："那并不是我一个人干的"——

> 但是，在人人都同意毁灭佛罗伦萨的地方，
> 就只我一个人当场挺身而出来保卫它。

1266年，贵尔弗派在那不勒斯查理一世［又称安茹伯爵查理（Charles of Anjou），曾被教皇克莱芒四世（Clement Ⅳ）传唤到意大利］的带领下在那不勒斯东北部的贝内文托（Benevento）全面击溃了吉伯林派的军队。吉伯林帝国的领袖曼弗雷迪（Manfredi）是腓特烈二

世（Frederick Ⅱ）的私生子，也是但丁敬仰的人。但丁在《炼狱篇》中描述道，曼弗雷迪连同其他被逐出教会的人一起进入炼狱，希望在炼狱中可以洗涤罪恶，灵魂得救，升入天堂。曼弗雷迪怅惘地说："只要希望还有一丝绿意。"对但丁的家人和朋友来说，贝内文托的胜利意味着他们的人生走上正轨，他们的城市百废待兴。所有贵尔弗派的流亡者重返故土。尽管吉伯林派在托斯卡纳的其他地区不时寻衅，但他们再未能侵占佛罗伦萨的一寸土地。

1266年，但丁刚满一岁。他长大的过程也是这座城市日新月异的过程。佛罗伦萨在之后的许多年经历了一轮又一轮的发展变化，逐渐繁荣并且呈现了独特的面貌：与饮食起居和派系纷争相比，市民的公共活动占据了更重要的地位；商人阶层代替贵族阶层成了社会的主导。佛罗伦萨的商人早在1206年就成立了行会组织（guilds，又作Arti），银行家的行会就是此时成立的。紧接着毛织品行会于1212年成立，丝织品行会于1218年在坡圣马利亚（Por Santa Maria）路上成立。很久之后，药剂师行会、法官行会、公证人员行会等行会也如雨后春笋般纷纷成立，但丁见证了这些行会发展的历程。最后，逐渐形成了七个大的商人行会和十四个小（工匠）行会：屠户行会、面点师行会、铁匠行会、皮货商行会等等。

这些行会是13世纪的佛罗伦萨稳定发展的主要力量，在当时贵尔弗派和吉伯林派兵戈扰攘的环境下，行会这一至关重要的科层制起到了巩固城市一体性，保持经济增长的重要作用。佛罗伦萨经济的繁荣主要得力于银行业和奢侈品的国际贸易，尤其是装饰精美的皮革制品。1252年，第一个弗洛林金币被铸造出来，很快在欧洲成为主要的贸易通货，这是佛罗伦萨史册上激动人心的一刻。按照传统，货币上铸的一般都是教皇或者皇帝的肖像。这次在金币上雕刻的则是城市的标志：一面是佛罗伦萨的守护神圣乔瓦尼，另一面是城市的世俗象征百合花。

但丁在1295年加入药剂师行会（其会员资格相对宽泛，并不都是严格意义上的药剂师，哲学家和文人亦可入会），第一次进入公众视野。同时，但丁对城市建筑面貌的变化也深感骄傲。但丁出生之际，四座大桥已经竣工。它们坐落在阿尔诺河的交通要点，纵贯南北，尤其是将一直被忽略的阿尔诺河外的奥尔特拉诺（Oltrarno）有效地纳入城市交通体系。布翁德尔蒙特大桥从建成直到它寿终正寝，都是当时唯一横跨阿尔诺河的大桥。大约五年之后，第二座被称作新桥的大桥（即今天的卡瑞拉大桥，Ponte alla Carraia）在阿尔诺河下游不远的地方建成。原先的那座此后一直被称作旧桥。1237 年，第三座大桥在河的上游建成（即今天的恩宠桥，Ponte alle Grazie）。13 世纪 50 年代末，第四座桥天主圣三一桥建成，因附近的天主圣三一教堂（Santa Trinità）而得名。

还有一个至关重要的建筑元素，不仅赋予了佛罗伦萨别具一格的面貌，也解决了当时迫切的实用性需求，那就是它独特的环形城墙。但丁十多岁时，佛罗伦萨的人口已经达到了八万左右，当时在欧洲仅次于巴黎。在佛罗伦萨的人口将达到三万人时，很多公民（cittadini）都还住在 1172 年修筑的城墙之外。每逢佛罗伦萨受到攻城的威胁，为了奉行“焦土政策”，破坏任何可能对敌人有利的东西，当时很多环形城墙外的房屋都遭到破坏，以截断侵入者的供给。其实，住在城墙外的也称不上是佛罗伦萨人。佛罗伦萨算是一座围城，佛罗伦萨市民（cittadino）也只是指那些住在围城以内城市（città）里的人。

直到 1280 年，佛罗伦萨的很多重要宗教建筑仍位于城墙之外，比如多明我会（Dominicans）在城市以西的新圣母（Santa Maria Novella）修道院和教堂，方济各会在城市以东的小圣十字教堂［Santa Croce，于 13 世纪 20 年代末圣方济各（Saint Francis）死后不久建立］，城市以北的圣马可（San Marco）修道院，以及城市以南的圣灵（Santo Spirito）修道院。但丁早在年少的时候就与多明我会士一同学习，又常在圣十字教堂外的广场上听方济各会士讲道，每次都得费些周折穿过城墙。

为了将这些家族和重要宗教建筑纳入城内，彼时当权的佛罗伦萨政府（Secondo Popolo）于 1284 年宣布，要建造更大的环形城墙，并将新城墙的设计交给了来自托斯卡纳的建筑师阿诺尔福·迪坎比奥（Arnolfo di Cambio）。新墙不仅取代了 1172 年建造的旧墙，也取代了一百多年前的古墙（cerchia antica）。这道古墙之后以卡治圭达命名，并被但丁引用在其《天国篇》第十五章中，作为一个幸福时代的象征：

> 佛罗伦萨那时在……古城墙内，一直过着和平、简朴、贞洁的生活。

无论和平、简朴还是贞洁，都和但丁心中的佛罗伦萨不沾边儿。在他看来，由阿诺尔福·迪坎比奥设计的环形城墙，才真正展现了佛罗伦萨的风骨，堪为都市建筑的永世典范。新的环形墙不仅作为原有城墙的整体性延伸，将周边的众多教堂修道院纳入城内，同时它围绕着西北角的新圣母教堂和东南角的圣十字教堂形成的对角线延展，呈现出一个独特的弯曲造型，使城市的建筑景观交相辉映，浑然一体。整个环形城墙周长约五点五英里，四十七英尺高，七英尺宽。城墙之宽可以容巡逻的士兵在墙顶交错而过。围城共有十五个庞大的城门，最高可至一百一十五英尺。每隔三百七十英尺建有一座塔楼，共七十三座，每座平均为七十五英尺高。沿着城墙内外各有一条宽广的环形大道（现在的佛罗伦萨大道就有一部分来自墙内大道）。墙外还有一条环形的沟渠，同时环抱城墙和墙外大道。整个环形建筑于1333年完工。

新的环形城墙巍然矗立，凝聚了佛罗伦萨人的集体才智，完整无缺地塑造着这座伟大城市的轮廓，直到19世纪末期被拆毁。随着城墙建筑工程的进行，佛罗伦萨的市民在各施工处聚集，对形态各异的城门和塔楼啧啧称奇，讨论着城墙到底会有多高多长等等。但丁想必就是他们中的一位，对如此浩大的工程赞叹有加。对环形城墙修建过程的见证，再加上其他诸多经历，使但丁得出这样的结论：佛罗伦萨是理想的城邦形态，也就是说，是完美的生活环境。

但丁继承了布鲁内托·拉蒂尼的文化遗产，他相信，如果城市按照13世纪80年代佛罗伦萨的样式来组织管理与规划，那么将会成为极适合人类生存繁衍的理想环境。“Città”（城市）这个词对但丁来说有着价值无上的丰富含义。他幻想中的天堂甚至就是城市的样子，是一座天上城市。但丁也深受西塞罗《论神性》（*De Natura Deorum*，但丁相当熟悉这部作品）中观点的影响。《论神性》中描述，众神们也“以城邦社会的形式联结在一起”，因此整个宇宙也可以被看成是众神与人类共居的城邦。但丁非常崇敬的诗人维吉尔（Virgil）在其诗歌《埃涅阿斯纪》（*Aeneid*）的开篇也对城市推崇至极，描述了“一个受到战争的累累创伤，直至寻见城市抚慰的人”。

但丁有一个更宏大的构想：他理想中的世界（mundus）就是由一个个在教皇和皇帝均衡统治下的城邦组成的。佛罗伦萨是众多城邦中的典范。怀着这样激动人心的想法，但丁于13世纪80年代加入到了抵抗托斯卡纳吉伯林派的军事行动中，并且自 1295 年起开始参与公民事务。1300 年，但丁在政府中就任行政官，与其他五位行政官一起被称作行政机关（Signoria）。在职期间，他因将城市公社（commune）的福利放在首位而受到瞩目。

那是佛罗伦萨历史上的又一灾难性时期。佛罗伦萨人变得穷兵黩武，当时城市的掌权者贵尔弗派内部也争执不断。1301 年秋天，唇枪舌剑终于引发了真正的战争，贵尔弗派分裂成两派：由维耶里·切尔基（Vieri de' Cerchi）代表的以商人阶层为导向的白贵尔弗派，和由科尔索·多纳蒂领导的代表贵族阶级的黑贵尔弗派。战争开始的时候但丁刚好在罗马。1302 年的 3 月，但丁正在锡耶纳北上的途中，黑贵尔弗派传唤他到佛罗伦萨回应刑事指控。但丁因未出庭而被冠上莫须有的罪名被判处死刑。从此，他再未能踏上佛罗伦萨的土地。

十九年的流亡生活，虽然开始时饥寒落魄［后期在维罗纳（Verona）和拉韦纳（Ravenna）的时候，生活逐渐好转］，却造就了但丁的创作才能，他的作品数量蔚为壮观。1304 年，拉丁语论文《论俗语》（*De Vulgari Eloquentia*）问世，阐述了诗歌写作中意大利俗语优于拉丁语的观点。不久之后，《筵席》（*Convivio*）写成，推崇一种雅歌体（canzone）的抒情长诗，但丁收入他自己的一些雅歌作为示例分析。1308年后，卢森堡亨利七世（Henry of Luxembourg）的出现为意大利的统一与和平带来了希望，但丁受此激发，写下了另一篇拉丁政论文《论世界帝国》（*De Monarchia*），阐述了教皇和皇帝之间的理想关系。但在此之前，但丁就已创作出他的三部曲代表作，他称其为"喜剧"（Commedia），指以悲剧开头喜剧收尾的写作形式：灵魂开始在地狱中受折磨，最后在天堂里得到祝福。全书以但丁这个流亡在外的佛罗伦萨人的自述贯穿始终。

《论俗语》中也表达了类似的感情："世上所有值得同情的人当中，最需要同情的，便是身处流亡途中的人，不见国土，归梦无期。"《神曲》的名字原意为《神圣的喜剧》，但丁原来只给《神曲》取名为《喜剧》。两个世纪之后，人们才给它加上"神圣"（Divina）二字。这部作品被认为是史上最伟大的诗篇：一方面，它是但丁基于自身经历的叙述，表达了一个流亡者在故乡遭遇不公后，寻找和创造自我的过程；另一方面，但丁深受各种文化熏陶，如古典的、前基督教的、基督教的、中世纪的、托斯卡纳的，尤其是佛罗伦萨的人文历史。《神曲》是但丁在将种种文化元素融会贯通的基础上，对韵律体裁进行的伟大的创新探索。同时《神曲》也是但丁献给贝雅特丽齐的诗歌礼赞。但丁在《新生》的结尾承诺，将来他要用更伟大的诗歌来赞美贝雅特丽齐，因此就有了后来的《神曲》。

《神曲》于1321年在拉韦纳完成。但丁在《天国篇》（*Paradiso*）第二十五章的开头描述了他对返回佛罗伦萨的热望：

> 如果有朝一日这部天和地一同对它插手的、使得我为创作它已经消瘦了多年的圣诗，会战胜把我关在那美好的羊圈门外的残忍之情——我曾作为一只羔羊睡在那里，被那群对它宣战的狼视为仇敌；那时我将带来另一种声音，另一种毛发，作为一位诗人回去，在我领礼的洗礼盆边戴上桂冠……

截至1321年，《神曲》的前两部已被抄录并广为流传，但丁在托斯卡纳已经被广泛誉为伟大的诗人。但是佛罗伦萨统治者并没有因此心软。但丁在文中幻想的在圣乔瓦尼洗礼池前被加冕的情景最终未成为现实。他在1321年9月14日客死拉韦纳，并葬在那里。

1373年，众民请愿，希望可以允许乔瓦尼·薄伽丘（Giovanni Boccaccio）进行关于但丁生平作品的讲演。佛罗伦萨政府批准了这项请愿，从此但丁才被正式认可。当时但丁的所有崇拜者中，薄伽丘是最伟大最有影响力的一位。同薄伽丘的其他著作一样，《十日谈》（*The Decameron*）里充满了《神曲》故事情节的典故。薄伽丘还抄录编写了一篇《神曲》评论。14世纪50年代初，薄伽丘编写了但丁的第一部传记，至今仍具有不可替代的独特价值。薄伽丘出生在1313年的托斯卡纳，但丁仍在世时，幼时的薄伽丘就听过种种关于但丁的故事和传说。之后的几十年，薄伽丘在那不勒斯度过了相当长的时间，并在1340年左右返回佛罗伦萨，他到处拜访认识但丁的人，包括但丁的文学伙伴和追随者。1345年之后，薄伽丘寄居在贝雅特丽齐的表兄弟利帕·玛多利（Lippa de' Mardoli）家中，听玛多利讲述了很多但丁年轻时候的故事。

薄伽丘当之无愧地成了但丁生平与作品方面的权威，他向兴致勃勃的听众讲述但丁的生平轶事。1373年的10

月末，薄伽丘开始了这一系列的讲演，先是满怀敬仰地将但丁称为“极其伟大的诗人”，接着从但丁的祖先开始，将他的一生娓娓道来。薄伽丘讲到埃利塞奥（Eliseo）家族早期从罗马迁居到佛罗伦萨的故事。关于这个家族的历史，薄伽丘说道：“从前有一个叫作卡洽圭达的骑士，聪明机智，骁勇善战。在他年轻的时候，长辈许配给他一个妻子，那就是来自费拉拉城（Ferrara）阿利吉耶里家族的年轻少女……”

童年的邻里故事

卡洽圭达是佛罗伦萨的传奇英雄。他被康拉德三世（Emperor Conrad Ⅲ）封为骑士，并随其参加了第二次十字军东征，于1148年也就是他四十二岁的时候战死在圣地。在《天国篇》中，勇士的魂灵们聚在一起，形成一个闪闪发光的十字架。卡洽圭达仿佛就是这十字架上的一颗星，飞落下来和但丁见面。在《神曲》的三章（第十五章到第十七章）中，卡洽圭达生动地讲述了佛罗伦萨的历史变迁、诗人但丁的家谱和姓氏由来，并预见了但丁公元1300年后的命运。卡洽圭达称呼但丁为他的骨血，“我的树叶”，他告诉但丁：

> 我的儿子是你祖父的父亲，你的家族姓氏起源于他，他在第一层平台上已经环山行走了一百多年。

卡洽圭达这里指的是他的小儿子阿利吉耶罗（Alighiero），遵照当时的习俗，取用了卡洽圭达岳父的名字，之后被称为阿利吉耶罗一世。若他真的在骄傲者之列，环炼狱山走了一百年之久，可以推算他自从1200年后就不在世了（因其在1300年时以先世灵魂的身份与但丁际遇）。

至于阿利吉耶罗苦行赎罪的原因，恐怕是他家族的过度虚骄。卡洽圭达的祖先埃利塞奥家族是古老的罗马贵族。另外，当阿利吉耶罗一世于1170年左右结婚时，与他联姻的贝林乔尼·贝尔蒂（Bellincione Berti）家族也是名门，在卡洽圭达的描述中是为人朴实但骁勇善战的一家。阿利吉耶罗一世妻家的小姨子是少女瓜尔德拉达（Gualdrada），被但丁称作“贤良的瓜尔德拉达”。有一次奥托四世（Emperor Otto Ⅳ）去佛罗伦萨的时候，瓜尔德拉达展现出她的贤良，或者说贞洁。在圣雷帕拉塔教堂（Santa Reparata，是圣母百花大教堂的前身），她的父亲贝尔蒂极力劝她亲吻奥托四世，她回应说，她不会将吻献给丈夫以外的任何男人。奥托四世深感敬佩，安排促成他的党徒圭多·圭拉（Guido Guerra）与瓜尔德拉达成婚。圭多·圭拉来自卡森蒂诺（Casentino）精力旺盛、四处剽掠的家族。

贝尔蒂的其他两个女儿嫁给了多纳蒂和阿迪马里（Adimari）家族的阔少爷，这两家都小有名望但还谈不上佛罗伦萨城里的风云人物。所以这样看来，阿利吉耶罗一世也确实能和很多名门望族扯上亲戚关系。想必但丁想到自己的曾祖父，也不免为他家族的虚骄感到不齿——“O poca nostra nobiltà di sangue”（啊，我们微不足道的高贵血统呀）(《天国篇》第十六章)。然而，但丁承认他自己亦不例外地有过虚骄。

阿利吉耶罗一世以他岳父的名字给自己的小儿子取名。这个小贝林乔尼据说很长寿，他于13世纪50年代在平民政权（Primo Popolo）也就是佛罗伦萨的第一个人民政府中担任要职。小贝林乔尼的小儿子阿利吉耶罗二世正是但丁的父亲。

但丁生于1265年5月中下旬。他刚生下来的几个月在家里被叫作杜兰特（Durante），据推断是取其外公杜兰特·阿巴蒂（Durante degli Abati）的名字（这个名字后来在家族故事的一个关键点出现，是阿利吉耶里家族里年轻一代经手的一大笔贷款的担保人）。1266年的3月，但丁与其他自前一年3月之后在佛罗伦萨出生的婴儿一同在圣乔瓦尼教堂古老的洗礼堂受洗，他的乳名杜兰特在这时被简写成但丁。洗礼堂庄严肃穆，内部以镶嵌画和大理石装饰，外部以坚固质朴的石料砌成。

但丁的父亲保持着充足略有盈余的生计，他的收入一方面来自于他在佛罗伦萨和意大利其他地区的物业租赁，一方面来自放贷。但丁的伙伴及文友福雷塞·多纳蒂曾在13世纪80年代一封语气尖刻的通信中，指责但丁父亲放高利贷的无德行为。事实明显并非如此。在《地狱篇》中，但丁在地狱的第七层遇见那些狮子大开口的放高利贷者。他们是群恶徒，在燃烧的沙地中团成一窝，火焰直烧上了他们的脑袋。但丁专注地盯着他们泪痕满布的脸，说道："我连一个都不认识。"1260年吉伯林派取得胜利时，被驱逐出佛罗伦萨的贵尔弗派中并没有阿利吉耶罗二世。由此显而易见，阿利吉耶罗二世无论其财富地位还是其政治活动都没那么突出。

但丁的母亲名叫贝拉·阿巴蒂［Bella degli Abati，贝拉是加布里埃拉（Gabriella）的简称］，家境殷实，在城内有房产，在意大利其他地方还有城堡。然而阿巴蒂家族是忠诚的吉伯林派，自从其中一员博卡·阿巴蒂（Bocca degli Abati）在1260年蒙塔佩蒂之战中背信弃义后，家族从此衰微。但丁在地狱最低的第九层遇见博卡·阿巴蒂，见他与其他的叛国者冻身寒冰中。但丁又朝他脸上挥拳，又拉扯他的头发，让博卡·阿巴蒂这个罪魁祸首叫苦连连，愤怒不已。

贝拉和阿利吉耶罗二世还育有一个小女儿，但丁在

《新生》中亲切地把她描述为善良的少女，他的“至亲”，在他“忧伤地卧病”时照料他的人。贝拉在 1272 年但丁七岁的时候去世。但丁的父亲很快与拉帕·基亚里西莫·奇亚卢菲（Lapa di Chiarissimo Cialuffi）再婚，尽管拉帕·基亚里西莫·奇亚卢菲有个响亮的中间名，她本人的生平却鲜为人知。他们又育有一子二女。但丁与他的同父异母的弟弟弗朗切斯科（Francesco）较为亲密。然而，阿利吉耶罗二世在 13 世纪 80 年代初期过世，但丁当时才十八九岁，就突然成了一家之长的男户主。父母双逝到底对但丁产生了多大的影响已无从确认。《神曲》中但丁与维吉尔、布鲁内托·拉蒂尼和诗人圭多·圭尼泽利（Guido Guinizelli）际遇的那么几次，但丁似乎都在寻找另一个父亲，一个精神上和文学上的父亲。一个“真正的母亲”的形象，也逐渐体现在《天国篇》贝雅特丽齐和圣母马利亚身上。

阿利吉耶里家坐落在圣皮耶罗马焦雷（San Piero Maggiore）的分区——一个较为靠北的都市区，从古老的旧市场［mercato vecchio，现在的共和广场（Piazza della Repubblica）］主要沿着科尔索大街向东伸展至与这个分区同名的城门。佛罗伦萨于 1078 年环形城墙建造期间就一分为四，但由于1172年起规模更为宏大的新城墙开始动工，城市公社投票决定将城市分为六个分区。

圣皮耶罗马焦雷分区是古老的家族地盘。卡洽圭达的祖先就在这附近出生。卡洽圭达这位十字军勇士更准确地描述了这个区域的位置：

> 在参加你们每年一度的赛马的人进入最后的一区时首先到达的地方。

这场比赛在6月13日举行，是佛罗伦萨守护神圣乔瓦尼的盛会，十二匹无人驾驭的训练有素的马从西向东随着欢呼的佛罗伦萨人排成的路线横奔过城，最终进入最后一个分区的科尔索大街的开端。这条大街的名字就源于这场比赛。

宗教的方方面面，对于但丁在内的许多（并非全部）佛罗伦萨人来讲，都是生活的重心。但丁对于从他阿利吉耶里家的窗户可以看到的教堂都了然于胸：离这不远的圣马蒂诺韦斯科沃小教堂［San Martino del Vescovo，该教堂供奉的是图尔（Tours）的主教圣马丁］，是阿利吉耶里家每日祷告和主日崇拜的老地方。隔街而立的巴迪亚

（Badia）修道院，是于 978 年在佛罗伦萨市中心建立的，其地块和房屋来自伯爵夫人威拉（Countess Willa）的慷慨赠予，至 1250 年已经成为一个集小教堂、花园、图书馆与商店为一体的综合建筑群。但丁从童年起就习惯随着巴迪亚整点的钟声来规划他的一天。

这个分区汇集了很多对 13 世纪的佛罗伦萨和但丁个人来说都举足轻重的人物和家族。阿利吉耶里家的上头正是多纳蒂家阔气宅第的背面。福雷塞·多纳蒂与诗人但丁成了诙谐打趣的挚友，福雷塞的哥哥科尔索·多纳蒂却成了但丁和这座城市最不共戴天的敌人。再略往北一些的洗礼堂的对面，矗立着极其有钱有势的阿迪马里家族的众多房屋和塔楼。但丁在《天国篇》中借由他的祖先之口，以精心写就的诗歌表达了对阿迪马里家族的怨恨：

> 那个尾追逃亡者如恶龙，面对龇牙者或拿出钱袋者如羔羊的、狂傲自大的家族集团。

1302 年但丁在流亡途中时，阿迪马里家族的一员对但丁露出恶龙般的残暴，瓜分了但丁被没收的财产，他这样做看来是为了报复，两年前，但丁对他家族中一个年轻人的违法行为进行了严苛判刑。但丁家以东不远的地方是切尔基家族壮观的家产——宫殿广场，庭院花园。切尔基家族是个初来乍到的豪门，在很多佛罗伦萨人眼里，他们是满怀家族自豪感的新贵一族。

随着13世纪渐近尾声，圣皮耶罗马焦雷地区成了臭名昭著的第六区，因为正是从这个地区，演化出了最残酷的国内战争、凶杀袭击的冤冤相报，导致佛罗伦萨城毁地灭，但丁与其他很多人从此被放逐城外。这些战乱凶杀源于多纳蒂和切尔基邻里间的一场地方性家族矛盾。起初但丁较偏向白贵尔弗一方，然后随他们一同流亡出境。但是我们可以看出，但丁很快就与这两个派系都撇清了关系，这也是但丁的祖先一贯的做法，将自己命为一人之党——“独自成为一派”。

最后，就在离但丁家一箭之距的地方，坐落着福尔科·波尔蒂纳里所建的坚固房屋。福尔科·波尔蒂纳里正是贝雅特丽齐的父亲。

但丁早年的生活并非都是在佛罗伦萨的城墙内度过的。他的诗歌中充满了对山丘、树林、溪流等乡村风景的暗指，可以由此推断，但丁曾流连于阿利吉耶里家的农地，也就是菲耶索莱（Fiesole）方向的城市以北的地区。阿利吉耶里家的一部分收入就来自这些地产的租金，这些地产需要时不时的照看。但丁最喜爱的还属佛罗伦萨东边的帕尼奥勒（Pagnolle），帕尼奥勒在比现今的蓬塔谢韦（Pontassieve）海拔高八英里的地方。它置身于向卡森蒂诺延伸的一片茂密的山脉之间，靠近向下流往阿尔诺河的锡耶韦河（Sieve River）。另一处让但丁流连的地方是卡梅拉塔（Camerata），它坐落在从奥平蒂城门（Porta al Pinti，随 1284 年的环形城墙建成）延伸到菲耶索莱的一条路上，是个颇为时髦的小地方。

每年的 5 月 1 日是佛罗伦萨邻里舍间聚会的日子，来欢庆春满，迎接托斯卡纳的繁花盛开。1274 年的 5 月 1 日，福尔科 · 波尔蒂纳里为圣皮耶罗马焦雷的居民举办了一场聚会。老阿利吉耶里受邀带着九岁的但丁赴约。他们穿过他家窄长的通道，经过圣玛格丽塔（Santa Margherita）小教堂，到达科尔索大街，波尔蒂纳里家的宏大宫殿就坐落在这里。正是这一次，但丁置身在其他年轻人中，初次邂逅了波尔蒂纳里的女儿贝雅特丽齐。但丁当场就被贝雅特丽齐深深迷住，这一幕一生都鲜活地停留在但丁充满诗情的记忆中。

福尔科·波尔蒂纳里当时如日中天，是佛罗伦萨最受敬仰的人之一。薄伽丘认为波尔蒂纳里是“卓越的公民，多才多艺”。在但丁眼里，他是“至善至优”之人。波尔蒂纳里曾在行政机关中任职两届，是市政府中审慎贤明的一员。除此之外，他更是一个宽厚慷慨的人，在一向好斗贪婪的佛罗伦萨人当中，实属少见。波尔蒂纳里始终不忘向病弱疾苦的人伸出援手，甚至关爱流浪动物。1285 年，经过几年的规划，他开始在与自家一墙之隔处建造一所医院，专门帮助贫困的人。医院在 1288 年开放，在这里供奉的是圣母马利亚，因而取名叫新圣母（Santa Maria Nuova）医院。（新圣母医院现在仍为佛罗伦萨最重要的医院之一，现在的波尔蒂纳里大街就连着科尔索大街通向医院。）

从贝雅特丽齐幼时起就照顾她的蒙娜·泰萨（Monna Tessa），被任命负责医院的护理工作。她召集了一群潜心侍奉神的妇女，专门看护病弱，是史上被记载的第一批从事此种护理工作的人员。新圣母医院的建立是永载史册的一刻。但丁写道，当 1289 年贝雅特丽齐的父亲过世时，贝雅特丽齐哀恸得泣不成声，可见此话不足为奇。

贝雅特丽齐嫁给了克利亚·卡蓬萨基（Clia de' Caponsacchi）。卡蓬萨基家在帕尼奥勒拥有广大的地产，就坐落在一个可俯瞰阿利吉耶里家农场的山坡上。卡蓬萨基家在12世纪迁居到佛罗伦萨（这个史实也是经卡洽圭达之口得知），在圣皮耶罗马焦雷区的旧市场附近建造他们的房屋。波尔蒂纳里家有十个孩子，五男五女，贝雅特丽齐是长女。

《新生》于13世纪90年代写成，是一部融合了怀旧情结和对诗歌初试啼声的杰作。但丁在其中描写了初次邂逅贝雅特丽齐的一幕，但丁算来，她当时应该刚过九岁，而他自己将满十岁。“她举止谦恭，衣着得体，”但丁回想道，“她身着深红色的束腰和装饰，色彩如此高贵，举止衣着都如此符合她幼小的年龄。”由此猜测，她是佩戴了与场合和她的年龄都相适宜的花环。正是此情此景，按照但丁后来的话来说，让他整个人彻彻底底地被爱俘虏。

受了爱的支配召唤，但丁“多次在童年”寻找贝雅特丽齐的影踪；他在分区的人行道，更多是在圣玛格丽特小教堂见到她。还有波尔蒂纳里家的教区教堂，贝雅特丽齐几乎每个早上都和她的母亲还有蒙娜·泰萨到这里祷告。但丁坐在不到十尺远的地方默默地观望着贝雅特丽齐，不发一语但内心热切。但丁逐渐发觉贝雅特丽齐身上有“如此高贵令人称道的气质，可以毫不夸张地用诗人荷马的话来形容，‘她似乎不是凡人之后，乃是上帝之子’”。

但丁的基础教育日益精进，他的学习可能是在当地的学校进行的，有时也通过私人家教。但丁显然读过6世纪的文法家普利珊（Priscian）的著作（《地狱篇》中，普利珊位于布鲁内托·拉蒂尼和其他鸡奸者之列，但这可能部分是因为但丁张冠李戴弄错了人）。但丁还背诵过关于道德教育的《伊索寓言》以及关于礼仪的专著。但丁习得的中世纪拉丁文对他十多年后在布鲁内托·拉蒂尼的指导下阅读维吉尔、西塞罗和波埃修（Boethius）的著作非但没有帮助，反而造成了阻碍。但是但丁博闻强识，吸收了哲学、神学、文学、历史等诸多学科的知识。他时常流连于佛罗伦萨的教堂里，漫步在桥上，极目远眺河流与山丘横无际涯的远景，这些漫游时时激发着但丁的想象力。

但丁和贝雅特丽齐之间如果想正式订婚，时间似乎并不成问题。这完全取决于其家长的意志。然而阿利吉耶里家和波尔蒂纳里家都各存他计。1277 年 2 月 9 日，也是但丁童年生活中少有的日期明确的一天，但丁与马内托·多纳蒂（Manetto Donati）的女儿杰玛·多纳蒂（Gemma Donati）正式订婚。当时但丁还不到十二岁，杰玛十岁左右。但这是一个有约束力的婚姻合同，打破婚约在佛罗伦萨属于严重的冒犯行为。从布翁德尔蒙蒂凶杀案之事可见，悔婚甚至可以导致凶杀报复和社会暴力。杰玛戴上了婚戒，订婚仪式上她带着比习俗多一倍的嫁妆。

这笔嫁妆实属不菲，可是对家财万贯的多纳蒂家族来说并不算多。多纳蒂家族在圣皮耶罗马焦雷教堂附近建立了一所医院［后来迁址到瓦隆布罗萨山（Vallombrosa hills）]，因此早在 1065 年就声名鹊起。多纳蒂家族是圣马丁教堂和圣玛格丽特教堂这两所教区教堂慷慨的赞助者。他们气派的房屋塔楼充斥在科尔索大街的各个角落。其中一座房子与但丁出生的房子共有一座后墙。

但丁与杰玛·多纳蒂的订婚想必是因为地产和住所都靠近的关系。除了在佛罗伦萨是门挨门的邻居，两家在帕尼奥勒也拥有相邻的农地。不难猜想，但丁和杰玛或许在农地里曾多次向彼此招手示意。同时两个家族多少有些亲戚关系：马内托·多纳蒂的祖父乌贝蒂，是家族支派的创始人，与贝林乔尼·贝尔蒂的一个女儿结了婚，所以也是阿利吉耶罗一世的连襟，而阿利吉耶罗一世正是但丁的曾祖父。（据卡洽圭达，贝尔蒂的一个女儿嫁到了臭名昭著的阿迪马里家族，乌贝蒂因和阿迪马里家就此沾上连襟的亲戚关系而大感不悦。）

马内托·多纳蒂为人善良，晚年总是乐意在钱财上施惠于人。他的女儿杰玛性情严肃稳重，可以猜想，就算她不是美得让人悸动屏息，也至少是秀色可餐。1277年订立婚约的大概八年之后，照理应该举办一个宗教仪式，年轻的新人从此结为夫妻共同生活。然而但丁所有的作品中都对杰玛只字未提，也没有对婚姻不满的任何蛛丝马迹。单纯从文学创作的角度来讲，杰玛·多纳蒂可能为但丁提供了他后来行吟诗人生活的必要条件：这样一个极其忠诚的妻子，让但丁对他的心上人除了无望而充满向往地默默注视以外，无法当面做出任何行动。

爱情、诗歌、战争

但丁与贝雅特丽齐初次见面的九年后，也就是1283年，也是在5月1日，贝雅特丽齐与但丁开口说了话。但丁在《新生》中描述，贝雅特丽齐与其他两个“较年长”的女士一同走在街上，她抬头看到了一动不动站在那里的但丁。“她向我打了招呼，礼貌的举止不可言喻，我仿佛全然蒙受了天国之福。”这一幕让但丁感到何其蒙福，他回家后就睡下了。在梦中，他看到了爱的化身，也就是他的主人他的老师，将刚和他打过招呼的贝雅特丽齐拥入怀中，“贝雅特丽齐似乎赤裸着，身上只裹了一块深红色的布”。爱的化身一手捧着但丁的心脏，递给贝雅特丽齐吃，接着开始泣不成声，拥着贝雅特丽齐升入了天堂。

但丁从这一经历中稍微振作过来之后，写了一首关于他梦境的十四行诗。他由此发现，自己对“有韵律的讲话的艺术”已经有了无师自通的实践。但丁把他的十四行诗的副本散发到佛罗伦萨无处不在的“爱情信徒”（fedeli d’Amore）那儿，他们是爱神忠诚的信徒，他们写诗给他们的主人爱神，并在城市的各个角落会聚，当众吟咏。

十四行诗的开头是这样的：

A ciascun alma presa e gentil cuor

（致每颗被爱攫住的灵魂和温柔的心灵）

这首诗还欢迎它的读者对诗中描述的情景给出自己的看法。接着，但丁诉说了他的梦境中爱的化身如何出现又消失，如何哭泣，拥着贝雅特丽齐等。这封信收到了很多对此梦境不同解读的回复。“在所有的赠答者当中，”但丁说，“有一个我首次称为知己的人。”这个人就是圭多·卡瓦尔坎蒂，他写了一首十四行诗作为回复，开头是这样的：

Vedeste，al mio parere，omne valore

（在我看来，你看到了最无价的东西）

这首回复的十四行诗暗指但丁见到了爱神，他见到了集所有美德与智慧于一身的形象，可谓见到了人间之极。这首十四行诗来自佛罗伦萨最富智慧的以“新体”写诗的诗人，也是佛罗伦萨最引人注目的人物。

圭多是卡瓦尔坎特·卡瓦尔坎蒂（Cavalcante de'

Cavalcanti）的儿子。但丁在《地狱篇》的地狱第六层与老卡瓦尔坎蒂有过一段支吾不清的对话（《地狱篇》第十章，第五十二行到第五十七行）。卡瓦尔坎蒂作为异端被处罚，他从他炽热的坟墓中升起，身旁就是吉伯林派的勇士法里纳塔·乌贝蒂。卡瓦尔坎蒂待的正是地方，因为他的儿子圭多娶了法里纳塔·乌贝蒂的女儿，这门婚事与其他几门婚事一样，是为了缓和贵尔弗派与吉伯林派之间冲突的无效之举。卡瓦尔坎蒂英俊富有，在圣皮耶罗马焦雷的旧市场有一所豪宅。老卡瓦尔坎蒂可怜兮兮地向但丁打听圭多："我的儿子呢？他怎么没有和你一起？"但丁吞吞吐吐不想回答。书中那个1300年的朝圣者但丁知道，圭多当时已经被流放在外，而他的流放有但丁的一部分原因（后文会做解释）。诗人但丁在十年后写《地狱篇》的时候已经知道，圭多回到了佛罗伦萨，1300年年底前死于疟疾。

圭多·卡瓦尔坎蒂比但丁大概年长十岁，他敏锐地发现，十八岁的但丁身上有着过人的禀赋。他成了但丁诗歌上和私下里的兄长。圭多和但丁之间的友情通过持续的通信与谈话日渐坚固。有一次但丁写诗给圭多和他们来自托斯卡纳的诗友拉波·詹尼（Lapo Gianni），这首诗是但丁的最美妙的抒情诗中的一首。他写道："Guido i' vorrei che tu e Lapo ed io..."

圭多，我多么希望拉波、你，还有我
借着法术，置身三桅帆，乘风破浪
遂着我们的心愿，跨越重重海洋。

这首十四行诗接着写道［出自但丁·加布里埃尔·罗塞蒂（Dante Gabriel Rossetti）的翻译］，他们乘风破浪，不受人间残酷与险恶的羁绊，施法术把他们送上航程的巫师使得他们各自的心上人也出现在他们身边，他们就可以满口"只谈爱，不谈别的"。

但丁在其《论俗语》中对拉波·詹尼赞赏有加。但丁这样形容托斯卡纳人：总的来说，他们野蛮无修养，"他们的语言低下愚笨"，只有那么几个人出类拔萃："圭多、拉波，还有一个"——就是他自己——"全都来自佛罗伦萨，以及奇诺·皮斯托亚（Cino da Pistoia）。"这位最后提及的赠答者是更为年轻的诗人，也是个羽翼渐丰的法学家。

但丁父亲去世的时候（13世纪80年代初期），大概就是但丁受贝雅特丽齐招呼致意的激发，有了一股脑的诗歌创作与交流的时候。但丁从此成了孤儿（有一个继母），他立即接手父亲微薄的业务，开始出售其父拥有的未偿还贷款的信用证。但丁当时的生活还算宽裕。

然而很快但丁就发现他的另一个父亲，一个对他来说在文化、政治和人性上的重要性都是阿利吉耶罗二世无法比拟的人物，这个人就是布鲁内托·拉蒂尼。从很多方面来讲，布鲁内托·拉蒂尼都无疑是自 1266 年贵尔弗派在贝内文托取得胜利后佛罗伦萨丰富历史中的关键和代表人物，直到他 1294 年去世。但丁在《地狱篇》的第七层与之相遇的时候说，他“亲切和蔼的慈父形象”深深铭刻在了自己的脑海里和心里。拉蒂尼反过来也略带忧愁地称呼但丁为“我的儿子”。

拉蒂尼出生于 1220 年左右，1260 年的时候他担当了一项政治任务，前往谒见卡斯蒂利亚（Castile）王国的阿方索国王（King Alfonso），当时拉蒂尼就已经声名鹊起。返程的途中，他在龙塞斯瓦列斯（Roncesvalles）见到一位来自博洛尼亚的学者，便向学者打听家乡的消息。学者向拉蒂尼讲述了吉伯林派在蒙塔佩蒂取得的巨大胜利，如后来拉蒂尼复述的，贵尔弗派被逐出城外，“入狱和死亡的灾难之惨重难以估计”。拉蒂尼之后在法国居住了六年，潜心研究哲学和文学。他用法语编写了一部百科全书性质的巨著《宝库》（*Livres dou tresor*），受到法国读者的推崇。他的另一部《小宝库》（*Tesoretto*）用意大利语写成，采用寓意的旅行形式。拉蒂尼还将西塞罗的修辞学专著《论发明》（*De Inventione*）和亚里士多德的《伦理学》翻译成意大利的托斯卡纳方言。随着以上的一些成就和其他种种，拉蒂尼将古典文学介绍到了 13 世纪的佛罗伦萨。

1266 年贵尔弗派取得胜利之后的几周内，拉蒂尼就迁回了佛罗伦萨，从此他成了佛罗伦萨政治圈和文化圈里举足轻重的人物。1272 年，拉蒂尼成为法官和公证人员行会的资深顾问，并一度担任佛罗伦萨的首席公证员（此职位是城市里任何重大交易都必不可少的），还担任过几次谒见外国君主的使者。

对但丁和文学圈里的其他人来说，布鲁内托·拉蒂尼是当之无愧的榜样人物：他身为文学家，同时积极地投身于公共事务，为城市谋福祉。佛罗伦萨的编年史家也是但丁好友的乔瓦尼·维拉尼（Giovanni Villani）盛赞布鲁内托·拉蒂尼为“伟大的哲学家”；拉蒂尼也是佛罗伦萨官僚们烦冗累赘文章的“修剪者”——一个在当时和一直以来都很重要的职位；他还教授关于“能言善辩，引导统治共和国”的艺术。

在佛罗伦萨向共和国雏形转化的过程中，拉蒂尼起到了至关重要的作用。这一过程始于1279年，也就是教宗尼古拉三世（Pope Nicholas Ⅲ）饱学干练的侄子枢机主教拉蒂诺·马纳勃郎西（Cardinal Latino Malebranca）走访佛罗伦萨的时候。拉蒂诺·马纳勃郎西是伟大严肃的拉丁赞歌《震怒之日》（*Dies Irae*）的作者，同时也是严厉的道德家，他曾斥责佛罗伦萨妇女的服饰失之俗丽。怀着让佛罗伦萨重获和平的宏远目标，拉蒂诺·马纳勃郎西极力主张让吉伯林派的流亡者重返故土，他甚至还举办了规模庞大的户外会议，吉伯林派和贵尔弗派的主要领袖前来参加，他们跪坐在一起互相亲吻示好。来自贵尔弗派的包括圭多·卡瓦尔坎蒂、但丁的岳父马内托·多纳蒂以及布鲁内托·拉蒂尼。

然而好景不长。贵尔弗派掌权之后，他们的凶残暴虐与吉伯林派相比有过之而无不及。接下来，一群开悟的公民转而建立了一个独立于交战两派以外的政治权威，其中有名的人包括拉蒂尼。这个政治权威的成员是从商人阶层遴选出来的，也就是来自当时一度颇为兴旺的商人行会。当时全城有二十一个行会：主要的（银行家行会、毛织品行会、法官行会等），中等规模的（面点师行会、鞋匠行会等）以及小规模的（旅店管理者行会、装甲制造商行会等）。此政治权威的一个重要特点就是，权力被分派给三位行政官——他们由选举产生，任职期三个月，在这三个月期间，是佛罗伦萨的统治权威，也就是行政机关。

三位行政官住在卡斯塔尼亚（Castagna）高耸坚固的塔楼里，用当代一个观察者的话来说，“这样他们就能免遭来自有权有势者的威胁”。这里的有权有势者指的是那些心生妒忌的贵族和富人。这座塔楼与巴迪亚教堂相邻而坐，正对面就是但丁的家。最早的行政官在 1282 年搬入塔楼。布鲁内托·拉蒂尼在 1286 年就是三位行政官中的一位。

13 世纪 90 年代的中期，但丁的师长布鲁内托·拉蒂尼过世（时间是 1294 年），但丁力求填补拉蒂尼的职位。然而在 13 世纪 80 年代，拉蒂尼对但丁最大的影响莫过于他开阔了但丁的文化视野。当时的年轻诗人但丁在他的影响下开始研读西塞罗、波埃修以及维吉尔。同时，拉蒂尼对但丁诗歌美学上的影响并不大。在被爱冲昏头的那段幸福日子里，但丁都忙着追求贝雅特丽齐，为她写诗。

我们未尝不可倚赖《新生》中的描述来推断，总的来说，但丁对贝雅特丽齐的追求一波三折。据他描述，有一天，贝雅特丽齐坐在圣玛格丽特教堂她常坐的长椅上，但丁就坐在不远处。在他们俩中间有一位“可人的淑女”，对但丁端视良久。但丁听到他后面的人议论说，这位淑女显然把但丁“迷坏了”。于是他立即顺水推舟玩起了小把戏，把这位淑女当成掩饰他真正暗恋对象的屏障。他表现出一副俨然暗恋她的样子，来隐藏他真正暗恋的人，所以大家都以为但丁喜欢的是这位淑女。

但丁甚至还为这位充当了屏障角色的淑女写了一些“押韵的小东西”，尽管他本人并没有再引用其中的任何片段。这个爱情的小把戏持续了那么一段时间，用但丁的话来说有那么“个把年月”，他曾一度对这位淑女颇怀好感，甚至在一首诗歌中公开提及她的名字，他在这个作品中唱道，“佛罗伦萨里最美的六十位女性”，贝雅特丽齐和这位充当屏障的淑女的名字就消匿在这长长的名单里。

但是终于有一天，这位充当屏障的淑女要离开佛罗伦萨而“去到遥远的城市”。但丁担心如果他不表现得足够伤心，人们会因此起疑，于是他写了一首平淡的十四行诗，开头如下：

你随着爱，不期然经过
你留心看啊，
我的悲痛，无人能敌。

与此同时，但丁在1286年前后，履行了与杰玛·多纳蒂的婚约，在圣马蒂诺韦斯科沃教堂举行了传统的宗教仪式。然而但丁在《新生》中并未提及此事。杰玛从此嫁到了教堂对面阿利吉耶里的家里，与但丁开始了共同的生活。他们的第一个孩子乔瓦尼于1287年出生。

但丁回顾他与布鲁内托·拉蒂尼在这段时期的关系，并在《地狱篇》第七层（第十五章，第八十二行到第八十七行）中通过与拉蒂尼的谈话，以神秘而含糊的口吻表达了他的感激之情，“已经铭刻在我的记忆里，现在使我感到伤心”，但丁边说，边恭敬地俯身到他的师长拉蒂尼的身边——

> 您在世上时时教导我，人怎样使自己永垂不朽；您那亲切、和善、父亲般的形象（已经铭刻在我的记忆里，现在使我感到伤心）；我活在世上一天，就一定要在我的话里表明，我多么感激您的教导。

“人怎样使自己永垂不朽”——come l'uom s'etterna。这里所说的永垂不朽想必并不是通过文学成就获得的——拉蒂尼的文学天赋并非属于最高的一类——也不太可能是神学意义上的。拉蒂尼绝对不是个宗教导师。最有可能的情况是，但丁想要感激《小宝库》具有的启迪价值，那是拉蒂尼在流放法国期间著成的一部寓言式的长篇半成品。此作描述了在新世界寻求救赎的旅程。在旅程当中，朝圣者必须不计险阻地穿过幽林，登上高山，在那里会遇见一个教他基础天文学的向导。诗写到这里就中断了，想必是因为拉蒂尼写到一半就收到了他能重返佛罗伦萨的确凿消息。《小宝库》从某种意义上来讲，为《神曲》提供了一个范式，它是一部激发对永恒人生的追求的著作。[皮耶罗·巴尔杰利尼（Piero Bargellini）

极力支持这一观点，尽管他发现《小宝库》写得平淡无味］。但丁在流放期间已预想到，自己将来会以拉蒂尼的诗歌作为值得敬颂的先导，创作出一部关于救赎的作品，

《地狱篇》中，但丁和拉蒂尼边走边聊，拉蒂尼赤裸着身体，行走在烈火燃烧的平地上，置身于永世不得翻身的苦痛中。而但丁所走的路刚好避开了火焰。他们俩向彼此致以温暖而惊喜的问候。“多么奇怪呀！”拉蒂尼兴奋地呼喊。“您在这里吗？布鲁内托先生？”但丁哭喊着回应。拉蒂尼预见到但丁将会被他的政治敌人逐出佛罗伦萨，以一贯激愤不已的口气说，他们是一群“贪婪、忌妒、狂妄”的人，是菲耶索莱人那股毒瘤的后代。菲耶索莱人正是佛罗伦萨的建立者们当中的一部分。拉蒂尼也预示了诗人但丁似锦的前程：

> 如果我在美好的人世时判断正确的话，你要是追随着自己的星前进，不会达不到光荣的港口。

至于但丁为何将他的导师和榜样列入地狱里的对自然施加暴行者，尤其是犯鸡奸罪的人当中，仍是个疑问。

毋庸置疑，同性恋对但丁这个不折不扣的天主教徒来讲是无可弥补的罪恶。但是除了《神曲》之外，找不到任何证明拉蒂尼是同性恋的信息。（值得一提的是，拉蒂尼结过婚并有几个儿子。）后世的评论家针对这一点无休无止地辩论，可以隐约看出，但丁早期的读者对于书中对拉蒂尼的指控震惊不已。然而在文学上，这是既成事实：近乎不堪的冲突产生了，一边是但丁对布鲁内托·拉蒂尼的爱意与敬仰，另一边是这位长者承受的侮辱和永世的痛苦。但丁似乎在表达，宇宙恒定的道德与宗教法则是不可被打破的，哪怕像布鲁内托这样高尚的人也不例外。

然而另外一种古老的诗意冲动似乎也在作祟，批评家和理论家哈罗德·布鲁姆（Harold Bloom）将这种现象称为“影响的焦虑”，据此说法，一个文学家为了寻求自我认同，倾向于轻描淡写或否认伟大前辈的影响甚至重要性。在美国的文学史上就有一例：亨利·詹姆斯（Henry James）曾试图贬低无疑堪称他文学前辈的纳撒尼尔·霍桑（Nathaniel Hawthorne）。但正如这种说法指出的，这种贬低前辈的行为多少有点儿类似“弑父”。

但丁在描写完他的师长，要与其临别之际，紧接着描绘了《神曲》中最撩人心弦的一幕。这一幕最初来源于维罗纳年度越野赛跑。这个比赛在四旬斋[1]的第一主日举行，但丁被流放在外的时候曾不止一次观看过这个比赛：赤裸的参赛者横跑过一片空地，优胜者将得到一匹绿布作为锦标：

> 随后，他就掉头像那些参加维罗纳越野赛跑争夺绿布锦标的人似的往回跑，并且像其中的得胜者，而不像失败者。

我们可以想象但丁一次次骑在马背上去往他家在帕尼奥勒的农地的情景。包括骑兵技能在内的马术是他应受的教育之一。作为名门望族的后代，但丁顺理成章地习得多项骑士技艺，并打算在需要的时候做好服兵役的准备。

但丁可能在1285年的11月，就是他二十一岁的时候参与了一场军事突袭。锡耶纳为了平息吉伯林派在阿雷佐（Arezzo）的暴动，向佛罗伦萨求救，佛罗伦萨派出了一支骑兵特遣队前往救援。在《新生》中，但丁模糊地

---

① 四旬斋，又称大斋节，封斋期一般是从圣灰星期三（四旬斋的第一天）到复活节的四十天，是基督教教会年历的一个节期。

描述了这段不愉快的经历，他不得不离开心爱的人。他可能真的去往了战场，也可能是去参加了三天的狩猎聚会。

四年后，但丁当真冲向了佛罗伦萨的前线。1289 年 6 月 11 日，佛罗伦萨人与阿雷佐人在卡森蒂诺山谷的坎帕尔迪诺（Campaldino）正面交锋。自从 1266 年在贝内文托兵败如山倒后，托斯卡纳区的吉伯林派就在伺机而动。13 世纪 80 年代后期，他们得以掌控了位于佛罗伦萨东南方约五十英里的阿雷佐，也就是阿尔诺河的上游地区。贵尔弗派的主导地位明显受到了威胁。

据猜测，可能当时的行政官们派遣了一支军事力量南下去对战阿雷佐的敌人，或许是经过了秘密的投票，队伍的军事指挥官没有沿着河流南下，而是东越山岭，到达了一个较为便利的战斗地点。因此，包括但丁在内的骑兵团，越过孔苏马山口（Consuma Pass），到达卡森蒂诺地区坎帕尔迪诺的广阔田野（campo 即是“田野”的意思）。坎帕尔迪诺正好在波皮（Poppi）山顶堡垒的正下方，也就是（对佛罗伦萨人来说）臭名昭著的圭多·诺韦洛（Guido Novello）所住的地方。

6 月 11 日的清晨，阿雷佐人北上长驱直入，两队人马即将在战场上短兵相接，仿佛正要参加一场马上比武大赛。佛罗伦萨人连同他们来自锡耶纳、卢卡（Lucca）、皮斯托亚（Pistoia）和其他地方的援兵，派遣了一个千人骑兵团，两翼各部有一万名持白色盾牌的步兵。佛罗伦萨军队的最高指挥官是一个叫阿梅里戈·纳尔博纳（Amerigo di Narbona）的人，年轻顽强，但缺少经验。骑兵团的首领是但丁的邻居维耶里·切尔基。骑兵团的后方是骑兵后备军，由但丁的另一个邻居科尔索·多纳蒂带领。科尔索·多纳蒂是当时皮斯托亚的行政长官，或称首席行政官。阿梅里戈明确指示科尔索，没有接到命令切不可轻举妄动。

阿雷佐人的援兵来自北部和东部，人数远不及佛罗伦萨人的军队。阿雷佐军队的首领是一个名叫布翁孔特·蒙泰费尔特罗（Buonconte da Montefeltro）的吉伯林派勇士。真正有发令权的是阿雷佐的一个主教，为人好斗，且目光和想法都致命地短浅。他放眼向佛罗伦萨的白色盾牌望去，不耐烦地问道："那一道道白墙到底是什么东西？"布翁孔特认为他们应该保守一点，先研究明白佛罗伦萨的意图再行动，然而主教却认为布翁孔特是个懦夫加叛徒，下令阿雷佐的士兵们发起攻势。

阿雷佐的士兵们服从了主教的命令，他们攻破了佛罗伦萨军队的前线，然而正当阿雷佐的骑兵们得意扬扬忘乎所以的时候，科尔索·多纳蒂违反军令，带领他的骑兵团竭力反攻，全盘扰乱了阿雷佐士兵的阵形，将其一网打尽。有一千七百多名阿雷佐士兵阵亡，三千多人被掳为战俘。然而一场滂沱暴雨在傍晚将近时袭来，黑黢黢地笼罩了山谷，佛罗伦萨的军队因此未能充分攫取胜利的战果。

在炼狱山上（《炼狱篇》第五章），阿雷佐的首领布翁孔特的魂灵凑过来和但丁说话，向但丁诉说他是如何受伤又如何匍匐着躲命的；然而他被暴风雨裹挟冲入了山谷里的阿尔齐亚诺（Archiano）河，最后顺着水流倾入阿尔诺河。

> 饱含水蒸气的空气变成了水。天下起雨来……从沟壑汇入山洪中后，就迅猛奔向王河，势不可挡。凶猛的阿尔齐亚诺河发现我冷冰冰的躯壳在河口边，就把它冲入阿尔诺河中，并且松开了我痛苦不堪时双臂在胸前交叉成的十字。

流亡中的但丁给佛罗伦萨的当权者写了封信［现今信已经不在，但其中内容被15世纪的但丁传记作者莱昂纳多·布鲁尼（Leonardo Bruni）所引用］。在信中，但丁提到他参与了坎帕尔迪诺之战："吉伯林派被攻打得溃不成军，七零八落，这场武装战争非同儿戏，我也正儿八经地拿出战士的样子，虽然不免感到惶恐，但最终还是为胜利的战果激动不已。"

佛罗伦萨的士兵于7月24日战毕归城，但还不到三周的时间，行政官们就调遣了另一支军队到以西五十英里的邻城比萨（Pisa）。这支军队的规模较小，由包括但丁在内的四百名骑兵和几千名步兵组成。这次军事任务的目标，是夺下距比萨陆路十二英里远的卡普罗纳（Caprona）的城堡要塞，并将其恢复成原来贵尔弗派的尼诺·维斯孔蒂（Nino Visconti）的住所。

比萨的战事在13世纪80年代经历了不少的跌宕起伏。这个航海时代的共和国一直是吉伯林派的军事堡垒，然而它在1284年被由布鲁内托·拉蒂尼组织的联盟攻破，联盟城包括佛罗伦萨、热那亚和卢卡。乌戈利诺·盖拉尔代斯卡（Ugolino della Gherardesca）伯爵被推为领袖，但很快他就与比萨的吉伯林派大主教鲁杰里·乌巴尔迪尼（Ruggieri degli Ubaldini）串通一气，赶走了他住在卡普罗纳塔楼里的外甥尼诺·维斯孔蒂，以此来巩固自己的势力。随后狡诈无情的大主教背叛了乌戈利诺，将乌戈利诺和他的两个儿子、两个孙子一并打入了监牢。

在《地狱篇》中，乌戈利诺向但丁描述了他和他的两子两孙五个人慢慢凄惨死去的过程，是书中最令人不寒而栗的一段描写。在地狱的最底层，乌戈利诺无休无止地啃着大主教鲁杰里的脑袋。乌戈利诺向但丁讲述了他的孩子们如何一个接着一个地饿死，以及最后“饥饿比悲痛的力量更强大”的情景。乌戈利诺不得不去吃自己孩子的躯体来充饥。

尼诺·维斯孔蒂逃到佛罗伦萨，在那里和但丁成了朋友。在尼诺的极力劝说下，一小支佛罗伦萨军队再次夺取了卡普罗纳的城堡要塞。这座堡垒坐落在一片庞大的巨石阵之上，在比萨往东约十英里的郊区，那里满是采石场（其中有很多在今天都已被开采）。它旁边就是小巧美丽的卡普罗纳村庄，尽管（今天看来）有点破旧萧条。村庄下方是蜿蜒盘旋的阿尔诺河，堡垒担负的一项古老任务就是守看那里的渡河情况。一支队伍从往北二十五英里的卢卡南下来到卡普罗纳。这场攻城之战持续了十天，城堡的供给在此期间全部被截断。最终城内的军队示意投降，才得以安然无恙地出城。但丁深深记得那一紧张危险的时刻，在《地狱篇》中恶魔出没的地方，他这样描写对他个人来说恐怖的一刻：

> 从前我曾看到，那些根据誓约从卡普罗纳撤出的步兵，由于发现自己身处那么多敌人中间而惊恐万分。

贝雅特丽齐之死与新的人生

我们可以追溯到一两年前，也就是为但丁充当屏障的那位淑女离开佛罗伦萨到遥远城市的时候。一个下午，但丁骑着马散了一会儿步，途中他又有了一次爱的幻象。在这一次的幻象里，爱的化身被但丁当成或假装当成了一个独立的存在，但他后来意识到，这不过是他自身幻想出的一部分。爱的化身这次以一个褴褛的朝圣者形象出现，又有新的建议要给但丁。爱的化身说，但丁需要另一个屏障，"这个人将像第一位女性那样掩护你的心意"。爱的化身向但丁指出了这个对象的名字，他马上就意识到了是谁。随后，但丁开始公开地、百折不挠地追求这位女性，他的行为引起了周围人的纷纷责难。贝雅特丽齐听到这样的传言后，有一次遇到但丁时，没打招呼就从他身旁走过。但丁呆若木鸡。

人们能感到贝雅特丽齐的举止出于她成熟的心智，甚至可以感觉到，她的意志在逐渐坚韧起来。这可能与她的新婚状态有关。在 1287 年的后半段，贝雅特丽齐嫁给了西莫内·巴尔迪（Simone de' Bardi），并搬去了位于奥尔特拉诺的夫家。

巴尔迪家族是非常成功的商人家庭，擅长的领域是金融与毛织品制造。他们家的房屋和塔楼沿街林立——

现在这条街叫作巴尔迪街。巴尔迪街从旧桥附近与河流并行向上延伸，之后向下转到鲁比孔特桥（Ponte Rubiconte）附近。四十年之后，巴尔迪家族因与英格兰爱德华三世卷入一场无谓的纠葛而惹上大麻烦，最后导致破产。半个世纪之后，科西莫·美第奇（Cosimo de' Medici），也就是美第奇家族的主要创始人，欣然地与巴尔迪家族的孔泰西纳·巴尔迪（Contessina de' Bardi）成婚。

二十一岁的贝雅特丽齐是西莫内·巴尔迪的第二任太太。她嫁过去的时候带着六百里拉弗洛林金币的嫁妆，是嫁入阿利吉耶里家的杰玛·多纳蒂嫁妆的四倍。贝雅特丽齐现在不再和但丁门挨门，她住到了阿尔诺河的远处。但丁需要穿过城市越过河流才能看上贝雅特丽齐那么几眼。

与此同时，但丁陷入自责，惶然不知所以，他又产生了一个爱的化身的幻象，这一次，爱的化身是个身着白衣的年轻人。爱的化身告诉但丁，也可以说是但丁自己告诉自己，不要再演戏，要写下“确凿的韵律诗”给贝雅特丽齐，清清楚楚地表达“你如何打从儿时起就暗恋追随她”。但丁针对此幻象写了一首《歌啊，我愿你》（“Ballata，i'voi”），开头如下：

歌啊，我愿你去探知爱神的下落，
跟随他到我的爱人跟前
你一定要唱出我的辩解
我的爱神，将会向她道来。

“她定要听到你的吟唱，”这首歌谣接着说道，“我相信她一定对我气愤难消。”爱神一定要告诉贝雅特丽齐，她是但丁的初恋，但丁对她一直忠贞不渝，“从未移情别恋”。

但丁之后又写了一首十四行诗《我所思所想都是爱》（“All my thoughts speak of love”）。接下来，一次偶然，但丁的一个朋友带他去参加一个当地的聚会。很多年轻女士都来到一个刚刚新婚的女士家里——但丁解释道，这是佛罗伦萨当地的习俗，即当新娘“第一次在新郎家餐厅中坐下的时候”，其他女士要过来陪她。当但丁站在那儿望向人群时，一股强烈的战栗攫住了他，他颤抖得不得不靠在他身后墙壁的画像上。这番战栗是因为，他在一群女士中看到了贝雅特丽齐。其他人看到但丁的反应后，纷纷开始笑弄他，贝雅特丽齐也加入了他们。

当但丁稍稍从中缓过来些后，他为此写了一首悲伤的十四行诗《你和其他女士一起笑弄我》(“Con l’altre donne mia vista gabbate”)：

你和其他女士一起笑弄我
你不曾想，我的女士，我到底为何
变得如此不知所措
目睹了你的芳容
倘若你知晓，怜悯
就会放过我，不会那么坚决地怪罪我

在另外的两首十四行诗里，但丁试图解释他的心境。第一首说道：“我来见你时”——

我面色如心色
苍白无依，不得不随便靠上什么
我颤抖不已，目眩神迷
心中的巨石仿佛在喊着“死掉了，死掉了”

第二首的结尾如下：

……我挣扎不已，企图拯救自己
然而我面色发白，勇气全消失不见
我来见你，以为会舒缓过来
若我抬起眼
我的心就不止一阵战栗
我的战栗撕扯着我的灵魂

人们应该记得，这些抒情性的创作尝试相继出现于1287年、1288年和1289年，正是在但丁所描述的情况下完成的。直到后来，13世纪90年代的中期，它们被集结收录在《新生》中。《新生》将诗歌与叙事的伟大融合在一起，展现了自贝雅特丽齐童年到她去世的所有时间里但丁对她不渝的爱恋。

完成这三首吐露衷肠的十四行诗，又经过一番内心的斗争，但丁的人生到达了一个转折点。这也是《新生》中两个重要转折点中的第一个。这段叙述在书中非常丰富（第十七段到第十九段），接下来将会引用到。

但丁写给贝雅特丽齐的诗歌只得到了冷冷的回应。他决定“保持缄默”。他再没向贝雅特丽齐如此直接地表达过。相反地，他将“另寻他法”，用“比之前更高贵的方法，因为原因听起来是令人愉快的（dilettevole），我将尽量简要地诉说”。

但丁诉说了他后来与一群女士遇见的情景，他仔细看过，贝雅特丽齐不在她们当中。有一位喊了但丁的名字，问他，为什么贝雅特丽齐已经让他这么痛苦，他却还爱着她。但丁回答说：

> 女士们，与贝雅特丽齐打了招呼后，我的爱确实走到了头。你可能在想，那次际遇是我的福分，因为那正是我所要的，我不企求更多。虽然她拒绝了我，但那是顺她心意的事情，我的爱神怜悯我，我得了我的福分，使我不至失望。

这些女士们窃窃私语，叹息不已。与但丁对话的女士问他，那现在还有什么能让他蒙福，但丁回答道：“给我爱人的颂词。”

但丁已经说过，他的幸福就是写诗来赞美他的爱人。但是他沉寂了一阵子而没有立即开始，是不想开头不佳。有一天，但丁沿着一条河边的小路漫步，他突然意识到，要想提起他的爱人，他一定也要同其他女性讲话——准确说是同其他的淑女，而“不单单是女性”。他的脑海中闪过了一句开头，“懂得爱情的女士们”（Donne ch’avete intelletto d’amore）。回到家中，但丁对这句开头沉吟了一阵，才开始下笔。这首雅歌无可辩驳地成为他第一篇成功的诗作。

以下引用的这首诗的开头是但丁用意大利的托斯卡纳语写成的：

> Donne，ch’avete intelletto d’amore，
> i’vo con voi de la mia donna dire，
> non perch’io creda sua laude finire，
> ma ragionar per isfogar la mente
> （懂得爱情的女士们
> 我想向你诉说我的爱人
> 我虽不觉得我会把赞颂她的话说尽
> 但且诉说出来缓解我的忧思）

但丁奠定了这首赞歌的基调：

我不想把话说得轻浮
以致虚有勇气而徒劳无功
我要赞美她的文雅尊贵
谨慎地，尊重地

在这首七十行雅歌的第二部分，如但丁在他的注解中提到的，他描述了“贝雅特丽齐在天国如何被理解”——“我的爱人在天国的最高层被喜爱”——以及“在人间如何被理解”：

每每当她出现，
走近罪恶的心灵，爱神也不禁心生寒意
罪恶的思想随即冻结消亡

在最后一段，但丁写道，他要把他的诗发出去了：

歌啊，我知道你即将开口诉说
待我将你发出去，你将说给那些女士们听
尽量敞开你自己
只向着女士们和有教养的男士们

这首诗比但丁写的任何其他东西都更流畅，也更高雅［这一点可从迪诺·切尔维尼（Dino Cervigni）精心优美的翻译中感知得到］，同时语言有一种鲜活的生命力。这首诗开启了意大利抒情诗的新模式，后来这种诗体被称作“温柔的新体”（dolce stil nuovo）。但丁在《炼狱篇》的倒数第二个平台与卢卡的波拿君塔（Bonagiunta da Lucca）谈话时，借波拿君塔之口，提出了这种诗体的叫法。波拿君塔问但丁他是不是“以《懂得爱情的女士们》这首诗开始，创作出新体诗的人”。但丁以他一贯高昂的语调回答说：“我是这样的一个人，当爱神给予我灵感时，我就记下来，并且依照他口授于我心中的方式写出来。”波拿君塔于是说，现在他才了解他和其他诗人达不到“你说的‘温柔的新体’那种高度的症结所在啦”。

但丁将博洛尼亚诗人圭多·圭尼泽利称为他在新体诗派中最德高望重的前辈。圭多·圭尼泽利在1276年流亡途中去世（他是吉伯林派的拥护者）。尽管但丁在1287年的秋天（据猜测）短暂到访过博洛尼亚，在此期间与圭多·圭尼泽利的诗歌同行和学生对话，与他们谈论圭多·圭尼泽利的诗歌，并沉浸在诗歌创作的氛围中，但丁却从未见过圭多·圭尼泽利本人。然而但丁在炼狱里见到波拿君塔不久后就见到了圭多·圭尼泽利（《炼狱篇》第二十六章）。圭多·圭尼泽利以一段饶有趣味的自我介绍出现在但丁眼前："Son Guido Guinizelli e già mi purgo"（我是圭多·圭尼泽利，我已经在净罪）。（英文的翻译没有意大利原文那么有韵律。）但丁称圭多·圭尼泽利为他的父亲（padre mio），与维吉尔、布鲁内托·拉蒂尼一样，是但丁想象中的父亲形象。但丁补充说，圭多·圭尼泽利也是比他自己更优秀的诗人们的父亲，这些诗人毫无疑问包括圭多·卡瓦尔坎蒂和拉波·詹尼在内。圭尼泽利问但丁为何将他捧得如此之高？但丁回答说：

> 您的温柔的诗，只要现代用俗语写诗之风
> 持续下去，就会使其手抄本仍然珍贵。

"现代用法"（uso moderno）不外乎是指温柔的新体，但丁毕生继承了普罗旺斯、西西里以及大部头诗人圭托内·阿雷佐（Guittone d'Arezzo）的传统，他们主导了意大利抒情诗几十年。但丁融合了他们慵懒、硬朗以及隐晦的风格，将此新体诗发扬光大。但丁不止一次地宣称，

这种新体诗歌的领军人物是圭多·卡瓦尔坎蒂、拉波·詹尼和但丁本人。前文引用过的但丁的这首十四行诗最能说明这一点："圭多，我多么希望你、拉波和我……"

这种新体诗的写作者除了以上三位，后来还包括博洛尼亚的圭多·圭尼泽利。新诗体旨在称颂所爱之人，没有一丝故作勇敢的痕迹，也全无讽刺或智慧的双关语，完全出自"温柔的心灵"。爱与温柔的心灵正是圭尼泽利最著名的一首诗的主题：

Al cor gentil rempaira sempre amore...
（温柔的心灵永远归属于爱……）

但丁也作了一首十四行诗来呼应这样的想法。这首诗的创作是应他一个朋友（可能是科尔索·多纳蒂）的请求，这位朋友深受但丁的雅歌《懂得爱情的女士们》的感染，想让但丁诉说更多关于"什么是爱"的主题。这首十四行诗的开篇如下：

Amore e 'l cor gentil sono una cosa,
sì com il saggio in suo dittare pone,

（爱情与高贵的心终为一物
正如那位智者在他诗中强调的一样）

但丁在炼狱山上与智者圭尼泽利对话，提起圭尼泽利“温柔的诗”（但丁称之为 detti，意为“言说”），并将他自己充满音乐美感的新十四行诗献给他的前辈。

现在我们已经说到了 1289 年的金秋。但丁度过了一个尤为活跃的夏天，在坎帕尔迪诺的战场和卡普罗纳的夺城之战中，但丁都参与了艰苦的准备，长途跋涉。尽管关于战争的回忆后来出现在《神曲》中，但是他当时并没有立即写下任何关于战果的诗歌。似乎战争的蛮勇远非但丁的精神所向。他新诗中的甜美与柔情是对之前几个月生活的唯美的回应。然而，但丁正是二十四岁的年轻人，情绪冲动，兴趣多变。他之所以蜚声文坛，一部分归因于他迥异同存的冲动和他在不同的自我间转化的能力。美国的读者可能联想到沃尔特·惠特曼（Walt Whitman），他能够同时或相继地在各种不同的身份间转化：一个题材广泛无际又极具创新力的诗人，一个在社会与政治民主间游走的无比精明的评论家，一个爱人以及一个战争的记录者。

外界的事物当然也影响着但丁的注意力。他写了一首十四行诗，发挥了那首著名雅歌的主题，同样带有音乐般轻快的风格：

Ne li occhi porta la mia donna Amore...
（我的爱人的眼眸带来了爱神
她目力所及之处无不蒙上她的高贵之气）

不到几个月之后，但丁就听闻了贝雅特丽齐的父亲福尔科·波尔蒂纳里去世的消息。但丁称赞他为“至善至优”。从现存的记载我们可以知道，福尔科·波尔蒂纳里死于 1289 年 12 月 31 日。

从那之后，死亡成了《新生》中的对位主题。在其第八部分中，当贝雅特丽齐的一个年轻的女性朋友去世时，死神出现了，但丁写下了一首纪念她的十四行诗，“啜泣吧，爱人，因为连爱本身也啜泣”。波尔蒂纳里死后，死亡就在但丁的脑海中成了挥散不去的阴影，然而仅仅六个月后，贝雅特丽齐也去世了。

波尔蒂纳里的女儿香消玉殒，但丁感觉受到了召唤，要写写这让人伤心欲绝的事情。他因此写了两首十四行诗，第一首尤为感染人，开头如下：

你的脸庞微微下含
眼睛低垂，布满忧伤
你的脸色难不成也
染成了怜悯的色彩？

“几天之后，”但丁说道，“我身体的一部分染上了忧伤的病患，九天九夜让我叫苦连连。”我们可能要质疑“九天”的准确性——但丁写作中出现的数字可能出于占星学的必要性都是三的倍数——但是但丁的这场病很久才好，据猜测可能是类似风湿热之类的疾病。此后他产生了各种对死亡的狂热幻想——他自己的死，是由一群披头散发的女人宣布的，之后是贝雅特丽齐之死——“我们的女神已死”，之后但丁幻想着天色渐暗，地震袭来，飞鸟从天空坠落——世界末日到来。

尽管但丁疾病缠身，泪眼模糊，但他又幻想到贝雅特丽齐在天堂的情景。幻想中的贝雅特丽齐安详谦恭，但丁形容道：“温柔的死神，朝我过来吧，不要对我不友善，你定是高贵的。”但丁逐渐回到现实中，发现“一位年轻温柔的女性”站在他床头满怀怜悯地轻声啜泣。那正是但丁的妹妹（名字已无从考证），“他的至亲”（而不是他同父异母的妹妹塔娜）。

其他女士叫但丁的妹妹离开，面对她们的询问，但丁逐渐袒露了他所有所谓的“谬误的想象”，唯独没有提贝雅特丽齐。

但丁痊愈之后写了一首关于他卧病经历的雅歌，开头提起了他悲伤的妹妹：

> Donna pietosa e di novella etate,
> Adorna assai di gentilezze umane…
> （善良又年轻的女子，
> 充溢着文雅和善的气质，）
> 常在死神徘徊的病床旁，
> 照看我被痛苦攫住的双眼，
> 倾听我空洞无物的呓语，
> 为我担惊受怕泪水涟涟。

这首吟咏了八十四行的雅歌以但丁诉说他的卧病经历开始，紧接着写到关于他自己和贝雅特丽齐死去的“谬误的想象”（他反复提到这个短语），所有事物的终结，再之后是精神和幻想之间非凡的转化，贝雅特丽齐安详高贵地显身，随之而来的死神形象也是温柔高贵的。

这是《新生》中第二个重要的转折点，说这是但丁对于生和死的理解也不为过。弗朗西斯·弗格森（Francis Ferguson）的见解鞭辟入里：这是与中世纪对于爱和死的浪漫主义传统，即那种“夜晚和虚空的神秘柔情”的根本性决裂。但丁现在欢迎并称颂死亡，因为死亡引领人进入永生。“在死亡的柔情之余，是但丁对于贝雅特丽齐永生的信仰，”弗格森说，“这种信仰是对人类的重新肯定，让诗人但丁以崭新的理性回归到这个清醒的现实世界。”

但丁崭新的理性表露在他接下来一系列风格愉快的十四行诗中。在第一首之后，但丁诉说了诗意语言的本质。但丁将爱想象成一个有说有笑的、在街上向他走来的人。他现在清楚地了解到爱并不是一个独立开来的个体，而是从人的灵魂中散溢而出。将爱天马行空地想象成各种人物然后用俗语来表达乃是诗人的特权——只要诗人能够自圆其说就可。但丁说，他和圭多·卡瓦尔坎蒂知道，确实有些诗人无法自圆其说，他们只是“毫无意义地押韵”。

但丁的第三首十四行诗尤其让人回味无穷：

Tanto gentile e tanto onesta pare
la donna mia quand' ella altrui saluta

诗中的语言尤为微妙，引人共鸣：

轻轻地，真挚地，她来了
我的爱人与别人打着招呼
她的出现，让所有人噤声战栗
不敢与她直视

1290年的冬天过去了，但丁在冬去春来的一天终于确知了贝雅特丽齐去世的消息。但丁经过复杂的计算，运用叙利亚日历（以10月为开端的日历），以及“完美的数字9”被完成了“九次”，他得出结论，贝雅特丽齐死于1290年的6月。他现在不会再为此事冥思苦想了，因为他的语言不足以“恰当地表达此事”。

他确实写了一首催人泪下的诗，用但丁的话来说是“一首悲哀的雅歌”。他啜泣着嘱咐这首雅歌离开他，去找那些为贝雅特丽齐之死而哀恸的女士们。之后贝雅特丽齐的哥哥拜访了但丁，与诗人成为好朋友，但丁还为他写了一首十四行诗，据说是关于另外一个女士的离去的。

但丁的悼念性诗歌并不是偶然之作。一段时间之后，他将多首诗集结成册，名为《但丁的新生》(*La Vita Nuova di Dante Alighieri*)，这是对他作品的一次汇编，据猜测是从 1293 年开始，历时两年完成的。但丁将他和贝雅特丽齐的关系娓娓道来，从他 1274 年 5 月的聚会上初次见她，直到十六年后贝雅特丽齐去世，其中穿插汇集了雅歌、十四行诗和一首歌谣，以此铭记自始至终的每个时刻。其中的一些可能是为了作品的完整性而在 13 世纪 90 年代写成，但是大多数都是完成于事情发生的当下。

但是"创造者但丁"[Dante the maker，借用威廉·安德森(William Anderson)杰作的书名]在这个集子成形的过程中对其完全掌握有度，最后呈现出来的是一部节奏优美的作品，韵律高低起伏，包括前言和三幕。但丁在前言中诉说了与贝雅特丽齐的头两次相见，包括 1283 年与贝雅特丽齐打招呼这一意义深远的时刻。第一幕的高潮是第十九段的雅歌《懂得爱情的女士们》。第二幕的高潮是第二十三段的雅歌《富有同情心的女士们》(“Donna pietosa e di novella etate”)。第三幕故意迟迟未结，或许还有点冗长，讲述了贝雅特丽齐的死以及此事的余波。

在贝雅特丽齐死后的一年多里，但丁曾有一次坐在外头苦思冥想，不经意地抬头看向对面的大楼，“我突然看到一位年轻美丽的淑女，从窗口热切地看着我，看她的样子，或是对我充满了怜悯”。不久之后但丁就为这位窗边的女士写了一首十四行诗：

> 我眼中看到无限的怜悯
> 浮现在你的脸庞

接下来的几天里，但丁寻到了这位陌生的年轻女士，充满忧伤的感激变成了主动的欲望与喜悦。此后的一段情节出人意料又合乎人性——贝雅特丽齐在地上乐园（Earthly Paradise）见到但丁的时候将严厉地斥责他（这是但丁漫长的自我对峙阶段中的重要一幕）——但是从审美的角度讲为何收录在《新生》中无从考究。这段移情别恋出现在第三十五段到三十八段之间，直到但丁自己说服自己不再喜欢那位女士。他又产生了一个新的幻象——在那次 5 月聚会上出现的贝雅特丽齐，她“身着深红色的长袍，仿佛第一次出现在我眼前”。

这个诗情画意的故事终于划上句点了。1274 年的但丁，这个贝雅特丽齐痴情的仰慕者，与 1295 年身为回忆录作家、诗人和爱人的但丁融为一体。他决定“不再写她这蒙天国之福的人了，直到更配讲她的时候”。倘若上帝让他长寿，他将“把对其他任何女性都不曾说过的话说给贝雅特丽齐”。经过这一系列诗意的铺垫，这部作品以下面的题词作结：

但丁·阿利吉耶里

的

新生

在此了结

这里所说的新生，归根到底指的是作为诗人的但丁；从诗歌中，但丁找到了他存在的伟大意义。在他人生的这个新阶段中，他对永生的幻象也加深了他对存在意义的理解。

入仕之路

尽管但丁在《新生》的结尾做出澄清，他内心经历了很大的挣扎，但是他两年多来还是向那位窗边的女士献诗示爱，深情注目（甚至还可能秘密地有过一两次会面）。这段关系以一首让人回味无穷又神秘莫测的雅歌达到高潮，此诗写于1294年末。开头如下：

Voi che 'ntendendo il terzo ciel movete,
udite il ragionar ch' è nel mio core,
ch'io nol so dire altrui, sì mi par novo.

这首诗是写给以智力（intendendo）推动第三层天金星天的天使或者智者的：

你们以智力推动第三层天者，请倾听我内心的挣扎，这话我无与语者，对我来说甚是奇怪。

这里所说的挣扎指的是，但丁一方面对贝雅特丽齐之死充满哀思，一方面又对那位深深改变他人生的“美丽女性”充满爱恋。一个爱的新化身告诉但丁去观察那位女性是多么善良和谦恭，并劝说但丁要把她放到心上——“决心从今以后管她叫你的女士”。

《筵席》是一部关于诗歌和知识的著作，完成于但丁早年的流亡途中（1306—1308），讲述了他创作雅歌《智慧的人》(“Voi che 'ntendendo”）的过程。但丁承认，这首诗确实和那位“我在《新生》结尾提及的淑女”有关。他讲述了自己心中漫长的挣扎，一方面被新欢所吸引，另一方面是“与其相挣扯的，那个依然在我心中坚固堡垒里的伟大的贝雅特丽齐”。然而但丁后来表达，在这段痛苦的挣扎和探索中，他所发现的全都是哲思。他在这首雅歌中讲述了这段经历:“我想象她（哲学）神似一位淑女，除了她满含怜悯之外，我想不出其他具体的形象。”

毫无疑问，那位窗边的女士是让但丁深深着迷的真实人物，尽管但丁本人也为对她的感情而自责。尽管浪漫主义文学在传统上确实充满想象和虚幻的色彩，不过但丁的作品《新生》中所出现的人物，尤其是女性，这些人也确确实实在他的童年出现过。那位窗边的女性以虚构的形式出现在《筵席》中，本身就是一种虚构，符合但丁当时进行自我特色塑造的目的。

但丁确实是在贝雅特丽齐去世之后开始研习哲学的。为了在哲学中寻找慰藉，他不禁沉浸在波埃修《哲学的慰藉》(*De Consolatione Philosophiae*)中。此书是波埃修晚年在帕维亚(Pavia)狱中著成的(他在524年死于狱中),以散文为主,穿插诗歌,描述了灵魂如何通过哲学领略神迹,得到最终的慰藉。(倘若但丁在被判处死刑后的流亡途中重读此书,想必会发现此书在个人层面上对自己有更深的重要性。)但丁称,他也在西塞罗那里吸取了很多知识,尤其是西塞罗关于友谊的著作《论友谊》(*De Amicitia*),其中关于痛失爱人的事情,给予了但丁很多智慧的点拨。

在西塞罗的点拨下,但丁搬去了多明我会士在旧城墙外围以西延伸区域的新圣母修道院和教堂,开始研习神学家的思想。但丁在那里学习了神学家托马斯·阿奎那的著作。托马斯是一位饱学的多明我会士,在1274年临死之际,完成了他的著作《神学大全》(*Summa theologica*)。这部巨著融合了当时被重新发现的亚里士多德哲学,并为其蒙上了基督教的色彩,为但丁的《神曲》提供了理论构架。但丁后来前往城市另一头方济各会士聚集的小圣十字教堂,跟随学习了波拿文都拉(Bonaventura)的一系列充满神秘感的专著,其中包括描写"心灵迈向天主的旅程"的同名著作——这也是波拿文都拉最有影响力的著作。波拿文都拉吸取了圣奥古斯丁很多高瞻远瞩的思想。正是受到波拿文都拉的影响，但丁的《神曲》有种神秘的张力，处处与书中阿奎那式冷静的现实主义哲学力量相碰撞相平衡。

所有这些人物都出现在《神曲》中。亚里士多德出现得较早，总是在林勃（Limbo）徘徊，被但丁称为“智者们的大师”。托马斯·阿奎那在天国的日天出现，在那里他指出了他旁边的热切的灵魂，其中就有“由殉道和流放中来到这平和境界”的波埃修。多明我会的阿奎那开始吟唱称颂阿西西的圣方济各以及方济各会，尽管结尾的时候他对与他同列之人严词抨击。波拿文都拉紧接着谈起“另一位首领”——圣多明我，因为他已经对圣方济各说了“那样赞美的话”。波拿文都拉讴歌圣多明我的学识和与异端的坚韧斗争，同时对他方济各会同侪的堕落充满悔恨。他最后宣称：“我是来自巴尼奥雷吉奥的波拿文都拉的灵魂。”

但丁在 1292 年到 1294 年期间的阅读为他今后的创作和思想生活奠定了重要的基础。倘若他在《新生》结尾时俨然已是一个诗人，一个致力于对爱情进行抒情礼赞的诗人，那么现在的他从文化的角度来讲更为丰富——一个精通主要哲学经典流派的语言和思想以及 13 世纪神学范畴的诗人。

完成《新生》后不久，但丁一直以来随性而至、天马行空的想象力有了一次激烈的转变，是他内心挣扎的结果，也暗示了他的未来。但丁仿佛打算将他一直以来创作和赞美的“温柔的新体”暂时搁置一边，突然和福雷塞·多纳蒂开始了一系列粗鄙的十四行诗的赠答，每人各三首。如果说圭多·卡瓦尔坎蒂是但丁的“第一个朋友”，福雷塞·多纳蒂（可能只比但丁大几岁）可谓但丁相处最愉快的挚友，也是能够和但丁（可以猜测）一起狂饮作乐、打趣讲闲话的人。有一天，但丁寄给福雷塞一首用语尖刻的十四行诗，诗里写的是“被称为福雷塞的比奇（Bicci）的不幸之妻”咳嗽不止的事情（在这里，但丁将他朋友的名字“福雷塞”和绰号“比奇”恶作剧似的调换了位置），写此诗的缘由无从考证。这首十四行诗写道，“咳嗽和其他疾病”的原因并不是不良“体液”[①]，而是因为福雷塞在情欲上不能满足她——因为“她感到欲壑难填”。她的母亲曾说过——但丁这里用了双关

① 体液学说是起源于古希腊的医学理论，认为人体由四种体液构成——血液、黏液、黄胆汁和黑胆汁，四种体液在人体内失去平衡就会造成疾病。

语，用托斯卡纳一直流传的一种粗话来暗指女性的性器官——她的女儿应该嫁给年迈但是富有的来自卡森蒂诺的圭多伯爵。

在《炼狱篇》（第二十三章）中，我们看到，但丁竭尽所能去弥补他之前的造谣中伤。但在当时他的中伤毫不留情；接下来的两首十四行诗中，他指责福雷塞不仅没有尽到丈夫的职责，并且贪食无度（福雷塞正是因此在炼狱山上赎罪），偷盗财物（“拿着钱包的人都对他避而远之”），可能是私生子，在待他不善的人面前卑躬屈膝。

反过来，福雷塞将但丁贬为一个游手好闲、不务正业、靠别人的救济和父亲放的高利贷过活的人。福雷塞引用了一个事例，即有一次，但丁的父亲被人痛骂重利盘剥，但丁本应挺身而出替父亲辩护，他却畏畏缩缩，一副可怜的懦夫样。这首十四行诗里称，但丁吓得便了一裤子，“两匹马都驮不完”。

在关于但丁的编年史中，这件事被称作争斗诗（tenzone）。这段争执持续时间不长，他们又握手言和成了挚友，一直到1296年福雷塞去世。不过这些令人不快的用词以及粗鄙的暗指，是但丁对贝雅特丽齐在天国的幻想之后，又回归到世俗世界的表现。从诗歌的角度讲，这对但丁是“低等风格”的练笔，一种广为人知的讽刺和论战性质的文学形式。从世俗的角度讲，这是但丁重返此时此地的佛罗伦萨现实世界的新开始，即便这个现实世界通常是粗糙肮脏的。但丁重新关心起身边发生的事情，包括圣皮耶罗马焦雷分区的街头巷尾以及全城范围内的事情。

在 1295 年的年中，但丁投身到城市的政治中去，迈入了他人生的下一阶段，这一转变在情理之中。但丁的诗歌也起到了一定的作用，我们从《天国篇》的第八章可以看出。在金星天，即 terzociel，一个灵魂接近但丁，吟诵了雅歌“你们以智力推动第三层天者”的开头。这个人正是查理 · 马特尔（Charles Martel），他是法国的贵族后裔，曾在 1294 年 3 月佛罗伦萨一次气氛欢快的聚会上听到这首诗，当时他正在与其父那不勒斯国王查理二世见面的为期三周的行程中。查理 · 马特尔很快就听出这首诗隐晦的暗指，并充分领略到它的美感。这位访问者对但丁赞赏有加，为但丁接下来进入政坛起到了推动作用。查理 · 马特尔是名义上的匈牙利国王，但丁在《天国篇》中借查理之口形容匈牙利“这土地这多瑙河的河水”；查理·马特尔同时也具备成为南意大利加冕国王的资历和名分。查理·马特尔从锡耶纳带领两百名身着深红色和绿色盔甲的骑士，于3月5日到达佛罗伦萨。这次访问是一场受到公民拥护的盛宴，正如历史学家菲利波·维拉尼（Filippo Villani）所描述的，“（国王）受到了佛罗伦萨人的欢迎和爱戴，国王也对他们表现出深深的热爱之情”。这也是一场文化的盛宴。查理认真地聆听音乐表演和诗歌朗诵，并被护送到画家契马布埃（Cimabue）的工作室，看到了画家最新完成的圣母像。此画像深受佛罗伦萨人喜爱，他们曾在一次凯旋式的游行上举着这幅画绕城展示。

查理很可能和但丁有过关于政治问题的严肃对谈。在《天国篇》中，查理仿佛捡起老话题一样，直言不讳地问但丁：

> 现在你说，假若人生在世上不是公民，他的景况会更坏吗？

但丁马上回答：

肯定会，这一点我无须问有什么理由证明。

他们的会面使但丁将查理当成了带领意大利以及欧洲大陆实现和平统一的领袖。但是一年后，查理在那不勒斯因瘟疫去世，享年二十三岁。查理在天国向但丁诉苦："我在下界尘世间的时光很短。"尽管如此，三十五岁的但丁感到，是时候承担起自己的公民责任了。

大概在1295年年中，但丁注册加入佛罗伦萨药剂师行会。他明显既不是物理学家，也不是药剂师，尽管他在研习自然哲学的时候对这些学科都有所涉猎。让他进入行会是对文人学者的一项优待；但丁被列为"佛罗伦萨的诗人"。

这是佛罗伦萨公共生活的又一关键时刻。同年3月，《正义法规》（Ordinances of Justice）的作者贾诺·德拉·贝拉（Giano della Bella，但丁在科尔索大街上的一个邻居）被流放出城，两年后死于法国。这部法规于1293年生效，规定贵族和古老豪门一律不得担任政府公职，并对出身贵族者和普通市民中的富豪犯下的骚扰行为施以重罚。严重的情况下，犯罪的富豪有可能遭受剁手之刑。在两年多的时间里，超过七十个出身贵族家庭的人遭受了较轻的惩罚——流放。但在 1295 年，贾诺受到策划周密的阴谋陷害，被指控叛变而被驱逐出城。

刚刚当选的教宗卜尼法斯八世（Pope Boniface Ⅷ），与一向诡计多端的科尔索·多纳蒂沆瀣一气，参与了阴谋的策划。前枢机主教卡埃塔尼（Caetani）[①]于前一年 12 月上任，结束了中世纪历史上最悲惨的事件之一，此事件也给但丁造成了重要的影响。

1294 年的夏天，罗马的枢机主教们对于新教宗的选择争执不休，最后出人意料地选择了一个来自阿布鲁泽塞（Abruzzese），名叫彼得罗·莫罗内（Pietro da Morrone）的修士，他的大部分时间都在莫罗内山的一个山洞度过。这是个荒唐的决定，因为之后主教们不得不爬上阿布鲁泽塞的高山去对新教宗顶礼膜拜。这一决定可能出于宗教愿望——彼得罗是一个圣者，在任期间全心全意关心人间疾苦——也出于内部政治。但是在罗马，西莱斯廷五世[②]（Pope Celestine Ⅴ）任重才轻，不到五个月，他就主动退位，是历史上第一个主动退位的教宗。枢机主教卡埃塔尼一心想占据此位，西莱斯廷五世就是在其怂恿的压力

① 即卜尼法斯八世。
② 彼得罗·莫罗内担任教宗后的称谓。

下退位的。卡埃塔尼最后继任为教宗，称卜尼法斯八世。

西莱斯廷被但丁称为半途而废者，他模糊的身影较早出现在《地狱篇》中，就在刚进入地狱之门的地方，与那些从未真正活过的、无所作为的怯懦者为伍，被叫作“由于怯懦而放弃大位的人”。对于包括小说家伊尼亚齐奥·西洛内（Ignazio Silone）在内的阿布鲁泽塞的后代来说，西莱斯廷是他们历史中最重要的人物，1354 年对西莱斯廷的册封也合情合理。但是对但丁来说，西莱斯廷的放弃为卡埃塔尼的得势铺平了道路。卡埃塔尼野心勃勃，一心梦想能够同时完全掌握精神上和世俗上的权力，最后纵容了将但丁永远逐出佛罗伦萨的决定。

1295 年的佛罗伦萨对于精力旺盛、富有雄心的年轻人来说，充满了各种在公民政治上一试身手的机会。贾诺·德拉·贝拉的《正义法规》的效力很快就被削弱，但是政府仍然是中产阶级共和国派的天下。作为领袖的是三位行政官，从主要的行会中选出，住在卡斯塔尼亚的塔楼里，即阿利吉耶里家的对面。在行政官之下的是一系列的议会，人数从三十六到三百人不等，身为成员的公民们一同商谈辩论（向来喜爱争辩的佛罗伦萨人抓住了这样一个再好不过的机会)，提案投票。因时间安排和任期的限制，每年有将近两千多场公民议会举行。

但丁的政治生涯如火如荼地展开了。据记载，但丁早在1295年的12月14日就在特别议会上向十二个主要行会的会长们陈辞。1296年的6月，他成为“百人会议”(the council of the hundred)的成员。他在会议上讨论的话题并未被提及，但可以推测，就算按照佛罗伦萨人的标准，但丁也是口才了得。此后但丁便以能言善辩、妙语惊人而出名，这一点后文会提到。关于他接下来几年的生活并无详尽的记载，但也可推测，在此期间他在政治上一定更有力量也更加敏锐，因为在1300年的6月，他被选举为行政官，迁入了塔楼，任期两个月。

这些年公共政治生活进行的同时，但丁也在经营他的个人生活。他的公民义务毕竟大部分仅限于去往离他家步行三分钟即到的堡垒般的大楼——人民统帅府[Palazzo del Capitano del Popolo，巴杰罗宫(the Bargello)]，是首领、当选代表和人民的首府。根据这座大楼墙上的题字，这座大楼旨在为满腔热情的城市管理者提供工作场所(华丽的原文如是：governare la città con cuore giocondo)。这里一度是但丁的目标。同时，就在圣马蒂诺韦斯科沃小教堂不远的地方，住着但丁和他的直系亲人，包括在1290年上半年但丁卧病在床时悉心照料他的无名的妹妹，与但丁感情逐年加深的同父异母的弟弟弗朗切斯科，以及他同父异母的妹妹塔娜［加埃塔娜（Gaetana）］。

但丁·阿利吉耶里和杰玛·多纳蒂的四个孩子当中，最大的乔瓦尼似乎在1288年出生；因此当但丁向百人会议陈词的时候，乔万尼八岁。剩下的几个孩子彼此各差一岁：彼得罗（Pietro）、雅各布（Iacopo）、安东尼娅（Antonia）。一切迹象都表明，但丁的家庭十分和睦。杰玛是一位耐心尽职的妻子，对但丁充满情欲的想象创作睁一只眼闭一只眼；杰玛也支持女儿在1320年的时候，去往她父亲生活的拉韦纳，进入修道院，取名贝雅特丽齐。

但丁家里也存在财务的问题，虽然不至于像福雷塞·多纳蒂的争斗诗里描写的那么严重，但在佛罗伦萨这种借贷与金融至上的地方，但丁家的问题也不可忽视。在但丁的安排下，家里的经济来源完全依靠物业的租赁，主要包括菲耶索莱下方的卡梅拉塔的农田，还有更多是在帕尼奥勒地区［现在此农场被称作拉雷德（La Radere）］，该地处处是橄榄园、葡萄园和果树。同时他们在城墙外的圣安东尼奥（San Antonio）教区明显还有一处城市物业。当但丁忙于写诗和参与议会投票时，他同父异母的弟弟弗朗切斯科全权负责家中物业的管理。弗朗切斯科为人勤勉认真，定期将物业租赁的收款交付给一家之长。然而，但丁还是入不敷出，1297 年，他不得不筹集一大笔借款，担保人是他善良的岳父马内托·多纳蒂和他的外公杜兰特·阿巴蒂。之后不久，但丁直接从马内托那里借了约一百三十个弗洛林金币。1299 年，弗朗切斯科得以借到一百二十五个弗洛林金币。

这些交易并不少见，借贷的顺利足以说明当时但丁在社会上有良好的信誉，而且和岳父岳母的关系很好。不久之后但丁与他妻子的表哥科尔索·多纳蒂之间尖锐的矛盾发人深思。这也说明了当时对金钱的贪婪和腐败，《神曲》中体现了这一点。

那场随 13 世纪淡去 14 世纪开始而愈演愈烈、震撼了整个佛罗伦萨的矛盾，起源于邻里间的一次争斗。这场矛盾开始并不是因为政见不合，而仅仅是家族嫌隙的后果。例如，在 13 世纪 90 年代中期，骄傲的多纳蒂家族看到，邻居切尔基家大楼筑起的城墙挡住了他们家的房屋。切尔基家族非常富有，刚刚迁入佛罗伦萨。两家的年轻人在街上动过拳脚。曾娶过切尔基家人的科尔索·多纳蒂据说在大庭广众之下严厉地批判切尔基家族（他的话中常用猪和混账来指代切尔基家族的人）。

圭多·卡瓦尔坎蒂也加入了战局。这位优雅的诗人、有教养的贵族也是易怒而容易动粗的。他极力偏袒切尔基一方，很快就成为这一派中的名人。多纳蒂家族视他为威胁，企图策划谋杀他。阴谋泡汤了，圭多知道此事之后，组织了一小伙儿骑士，当科尔索·多纳蒂从街上迎面而来的时候，他们策马过去打算将他射死。圭多没有得手，但就是诸如此类的事情使得此地成了“恶名昭著的分区”。

势态愈加麻烦。1300 年的一次 5 月舞会，多纳蒂家族的一帮年轻人与切尔基家族的一伙人大打出手卷入了一场恶斗。恶斗结束之前，一个十六岁左右的年轻人里科贝里诺·切尔基（Ricoberino de' Cerchi）被割掉了鼻子。“那一击，”迪诺·孔帕尼（Dino Compagni）在佛罗伦萨编年史中形容，“是我们城市的毁灭之击。”六周之后的 6 月 24 日，时值圣乔瓦尼的盛宴，各个行会的领袖正游行过街的时候，被一大群包括多纳蒂人在内的富豪们抨击起哄，喊道：“我们赢得了坎帕尔迪诺之战，你们却阻止我们担任公职接受荣誉，这一切都是我们应得的！”

行政官们一致赞同，已经到了采取行动的时刻。这两派现在已经发展成泾渭分明、势不两立的战方，被称为白党和黑党，这样称呼是借用了同时期皮斯托亚的一个类似斗争的说法，可能是两方自己取的，也可能是别人开始这么叫他们。切尔基家族和他们的盟友叫作白党，多纳蒂家族和他们的党羽叫作黑党。

但丁的个人感情倾向于白党（尽管他娶了多纳蒂家的人），但是他逐渐相信佛罗伦萨的福祉是超越于这些唇枪舌剑和党同伐异之上的。月末之际，一些白党的成员被流放，其中包括圭多·卡瓦尔坎蒂。黑党也有相似数量的人被驱逐出城，其中包括最出名的科尔索·多纳蒂。行政官们讨论的会议记录已佚，但似乎主要是关于但丁的提议，他言辞机巧地加以陈诉使其提议得以通过。

科尔索·多纳蒂被放逐到托斯卡纳南边的卡斯特尔德拉皮耶韦（Castel della Pieve），但是他很快就违抗禁令，南下罗马，在那里勾搭上了他未来用得上的战友们。至于圭多·卡瓦尔坎蒂，他被遣送到托斯卡纳西部的萨尔扎纳（Sarzana），大概在距海滨城拉斯佩齐亚（La Spezia）十英里远的地方。他的身体逐渐衰弱，故乡又遥不可及。

圭多·卡瓦尔坎蒂在萨尔扎纳写了致他爱人的一首充满哀思的诗，并寄给了在佛罗伦萨的她：

> Perch'i' non spero di tornar giammai,
>
> ballatetta, in Toscana...
>
> （因为我不期望回归故乡托斯卡纳，小歌谣啊……）

这首歌谣最终代替圭多到了他的爱人面前。20世纪，美国出生的T. S. 艾略特自我放逐到英格兰，在即将皈依英国国教时，受到圭多诗歌开篇的诗意的激发，在其基础上融合了一些莎士比亚的元素，于1930年翻写了一首他自己的名为《圣灰星期三》的诗歌：

> 因为我不期待再次归乡
>
> 因为我不抱希望
>
> 因为我不期待归乡
>
> 嫉妒这个人的天分，羡慕那个人的广博……

圭多·卡瓦尔坎蒂确实重返故乡了。他染上了疟疾——沿海沼泽地区的一种常见病——行政权威网开一面给予批准，他才得以回到佛罗伦萨，并在同年年末去世。《地狱篇》里的朝圣者但丁在1300年的春天与圭多的父亲对话的时候，还不晓得他朋友去世的消息。

但丁在行政机关的两个月政绩显著，成为当时佛罗伦萨政治圈公认的领导者。根据薄伽丘不无夸张但初衷良好的说法，除非但丁出面表明态度，否则政府议会不会采取任何行动，没有法律通过或被废除，也不会做出关于战争和平事宜的决定。但丁的政治立场是十分稳定的：他不受多纳蒂黑党或者切尔基白党施加的压力影响，也没有参与到外部的事务中去。他总是把城市公社的福利放到第一位。

少有的资料表明，但丁定期并且卓有成效地向议会发表极具说服力的演讲。但丁颇有布鲁内托·拉蒂尼的风范，他显然做到了“学而优则仕”。同时他也承担起其他的公民责任。1301年4月末，他被选举为佛罗伦萨道路与道路维修的监督人，并奉命在全国范围调用工作所需的耗材；从资料可以隐约看出当时的城市设有壁垒，估计是用来阻隔流离四散的贵族的侵袭。4月初的时候，但丁曾演讲并投票支持一项提案，让每个分区安排四名行政官管理，而不是两名，然而他的提议并未通过。同年6月19日，他参与讨论了教宗卜尼法斯八世的一个要求。

这个要求涉及教宗想要插手的一大片领土，在锡耶纳以南地区。这片土地属于玛格丽特·阿尔多布兰德斯齐（Margherita degli Aldobrandeschi），人称红衣伯爵夫人，她与教宗的外甥戈弗雷多·卡埃塔尼（Goffredo Caetani）的婚事就是教宗本人安排的。但是玛格丽特是个任性骄纵的女人，已经有过两段婚姻，还继续和她的情人内洛·潘诺基耶斯基（Nello dei Pannocchieschi）勾勾搭搭。更糟糕的是，内洛为了可以自由地和玛格丽特住在一起，他在位于锡耶纳马雷马（Maremma）地区的自家城堡里谋杀了他的妻子皮娅·托洛梅伊（Pia Tolomei）。

升上炼狱山后，皮娅来到了但丁眼前，她位于其他的忏悔太晚者之列（这时但丁刚听过了布翁孔特·蒙泰费尔特罗讲述他在坎帕尔迪诺之死的故事，见本书第三章）。皮娅措辞简练，她近乎天真地说：

> ...son la Pia;
> Siena mi fé , disfecimi Maremma:
> （我就是那个皮娅；锡耶纳造的我，玛雷玛

毁的我。)

艾略特在《荒原》中也借用改写了这几行诗。《荒原》是一部充满了但丁元素的诗篇。在其中的一部分“火诫”(The Fire Sermon)的结尾,一个声音说道:

海布里(Highbury)造的我。列治文(Richmond)
和基尤(Kew)毁的我。

统观全局,卜尼法斯决定让他的外甥和玛格丽特离婚。但卜尼法斯仍然觊觎玛格丽特的土地,并煽动了一场托斯卡纳当地的斗争以达一己之欲。这段不断发展的故事中,另一个角色是阿夸斯帕尔塔(Acquasparta)的枢机主教马修(Matthew),卜尼法斯在前一年将马修送到佛罗伦萨,试图让他调和黑白两党之间的矛盾,带来和平。马修明显偏袒黑党,引来暗杀之祸(弓弩射出的箭企图击中他),他因此急忙收回了对黑党的协助。然而,正是枢机主教马修在1301年6月发送了教皇要求武装支持的消息,两百名骑兵被派出,帮助教皇获取托斯卡纳南部的领土。

当时卜尼法斯无论对佛罗伦萨还是但丁，都未起坏心。他认为这些佛罗伦萨人是良好的贵尔弗派公民，他们坚决地抵抗吉伯林派的帝国拥护者。卜尼法斯将1300年设为大赦年（jubileee），于1300年的2月发布了教皇宣告。在卜尼法斯看来，如他所说，几乎各种去往教廷的使节发言人都出生自佛罗伦萨。据说，卜尼法斯曾满带惊异之情地说，佛罗伦萨是宇宙中的第五元素。1300年，佛罗伦萨派出两个使团出使罗马，但丁是其中一个使团的城市代表之一，是在他临担任行政官之前或卸职不久之后参加的。翌年6月，但丁大获教皇的青睐。

6月9日的第一次议会上，两名议员发言支持教皇的要求。一名议员建议将要求搁置再议。只有但丁提出反对。“至于教皇之事，”拉丁文的文献上记载，“但丁·阿利吉耶罗提议不采取任何行动。”“Nihil fiat”是“不采取任何行动”的意思，这个词经常出现在1300年到1301年的关于但丁的记录中，明显可见，但丁坚决反对滥用市政资源的不明智之举。结果在6月19日的第二次会议上，四十九比三十二的投票通过了武力支持卜尼法斯的要求，可见切尔基领导的白党四分五裂。但是但丁的反对票陈述让教皇大为不悦。

1301年，托斯卡纳又浮现了新的危机人物——与安茹伯爵查理同出王室的瓦卢瓦伯爵查理（Charles of Valois）。安茹伯爵查理在三十五年前的贝内文托之战打败了曼弗雷迪的吉伯林军，并对贵尔弗派在佛罗伦萨的掌权起到了推动作用。这第二个查理是个平凡无奇的人，手头总是缺钱，任何事情总想讨个容易的出路。但是卜尼法斯认为查理可以帮他在西西里建立法国的权力，还有可能帮他敦促佛罗伦萨人积极支持教皇，因此邀请查理到意大利。1301年5月，这位法国的勇士瓦卢瓦伯爵查理率军停在了帕尔马（Parma），他在那里向埃斯特（Este）家族借了一大笔钱。查理小心地绕过佛罗伦萨，继续带军前往罗马东南部的阿南尼（Anagni），9月在那里见到教皇，从教皇那里搞到二十万弗洛林金币后又向北折回。查理在锡耶纳与科尔索·多纳蒂见面，开始讨论他们去往佛罗伦萨的计划。

全体议会分两次于9月13日和两周之后举行，讨论瓦卢瓦伯爵查理带来的威胁。但丁两次都发言表态。9月27日，但丁投票支持被错判血腥暴力的内里·迪奥达蒂（Neri Diodati）无罪，投票通过。议会接着倒向法国一边。但丁显然投票反对任何的妥协行为。

截至 10 月 4 日，查理已经到达了卡斯特尔德拉皮耶韦，被流放的多纳蒂人正在那里等他——所有的都在，除了当时还在锡耶纳的科尔索。政府立即派遣三名使者前往罗马，与教廷交涉，表达他们贵尔弗派的绝对忠诚，请求召回瓦卢瓦伯爵查理。这三位使者分别是马索·米内尔贝尔蒂（Maso Minerberti），科拉佐·乌巴尔狄尼（Corazzo Ubaldini），以及但丁·阿利吉耶里。三位使者会见了教皇并一同请愿。其中的两位被释放送回了佛罗伦萨。但丁被扣留在罗马。

但丁没有在 1301 年的 11 月目睹佛罗伦萨的惨案。11 月 1 日，瓦卢瓦伯爵查理率领两千名骑兵扈从进入佛罗伦萨。他向白党行政官保证不会生乱，但整个城市被搞得鸡飞狗跳，生生成了一个武装的阵营。科尔索·多纳蒂获准返回佛罗伦萨。他站在他家圣皮耶罗马焦雷分区的房子旁大声咒骂，扬言报复，接着领了一伙人在分区烧杀掠夺。阿利吉耶里的房子遭到毁坏，一家人不得不逃到邻近的亲戚家避风头。现任的行政官被免职，11 月 8 日新当选的行政官全部为黑党成员。总是偏袒多纳蒂一方的坎特·加布里埃利·古比奥（Cante de' Gabrielli di Gubbio）在流放过程中被召回并被任命为新行政长官。

阿夸斯帕尔塔的枢机主教马修竭尽心力平息事端，但最后却招来嘲笑愚弄，被驱赶出城。新的暴力事端接踵而至，科尔索·多纳蒂最偏爱的儿子西莫内袭击了他的舅舅（科尔索第一任夫人的哥哥）尼科洛·切尔基（Niccolò dei Cerchi），西莫内和尼科洛双双死去。白党全队人马于4月初离开了佛罗伦萨。

佛罗伦萨现在完全处于黑党行政权威的掌控下，由复仇心切的新行政长官带领。一度嚣张的科尔索·多纳蒂在街上游荡，依仗瓦卢瓦伯爵查理当时覆盖全城的武装力量对城里残余的白党大肆迫害。

1302年1月27日，新的行政当局发表了一份指控但丁·阿利吉耶里和其他三人贪污公款的详细罪状书。对于但丁的指控包括他的两个公职，一个是担任道路维修监督人时中饱私囊，贪污受贿，另一个是担任城市行政官的时候，犯下一项现在叫作竞选资金违规的罪行，以及其他一些罪名。但丁和其他人拒不承认强加的罪名，遭到巨额的罚款，两年内不得担任公职。1302年3月10日，行政当局经高层授意，对但丁和其他十四个人发出了最后判决：火刑处死。

这一系列罪名形成的过程中，但丁正被扣留在罗马。

在返回佛罗伦萨的路上途经锡耶纳时，他听说了1月27日诏令中强加给他的罪状。他马上意识到，回到佛罗伦萨自我辩护无异于送死。但丁待在城外，很快得知对他的最后判决。

但丁的高祖卡洽圭达于1300年4月在火星天（《天国篇》第十七章[①]）与但丁对话，当时正是这些罪名成立的两年前，卡洽圭达精准地预见了这些罪名的发展：

> 你将被迫离开佛罗伦萨。这是在天天都拿基督做交易的地方的人们所要求的事，这是他们已策划好，不久将由此事的主谋予以实现的事。

但丁在十五年之后写道，他自身的悲苦和佛罗伦萨的厄运都应统统归咎于教宗卜尼法斯八世。但是他明白，他不得不暂时承受这一切：

> 如同通常出现的情况那样，舆论传闻将把罪过归咎于受伤害的一方。

① 原文为“第十八章”，应该为“第十七章”。

然而仍有一丝希望：

> 公正的处罚将是事实真相的见证。

不过，卡洽圭达在1300年对但丁未来的预测着实令人担忧：

> 你将舍弃一切最珍爱的事物；这是放逐之弓
> 射出的第一箭。

这一箭正中靶心。但丁从此再未踏入佛罗伦萨一步。

至终唯一得胜的一次。1303年年初，但丁放弃了他在穆杰洛的联盟，继续向东北方向游走，到达繁荣的罗马小镇福尔利（Forlì，小镇名字源于这里的一个公共集会广场）。统治福尔利的是另一个吉伯林派人斯卡尔佩塔·奥德拉菲（Scarpetta Ordelaffi）。他的家族统治了福尔利两百年之久。斯卡尔佩塔马上招纳但丁做政治和军事上的顾问，但是半年之后但丁又上路了，北上到达维罗纳。他作为当地白贵尔弗派的特使，前往谒见维罗纳的领袖巴尔托洛梅·德拉·斯卡拉（Bartolomeo della Scala）。

由此但丁与巴尔托洛梅·德拉·斯卡拉建立了一段长期的友谊，这也可能是但丁流亡途中最有价值的一段关系。卡治圭达对此提前做出了预示：

> 你的第一个避难所和第一个寄居处将是那个伟大的伦巴第人的慷慨好客的宫廷，他的家族纹章以梯子上落着神鸟为图案。

斯卡拉家族的武器上有一枚立在梯子上的鹰的纹章，一个斯卡拉——家族名称由此而来（scala是旧的德语名，在意大利常用Scaliger）。阿尔贝托·德拉·斯卡拉（Alberto della Scala）在1301年去世，他的位置由他三个儿子中的长子巴尔托洛梅继承。如卡洽圭达所预测的，但丁和斯卡拉家族的新领袖巴尔托洛梅之间建立了一段理想化的关系，卡洽圭达这样形容：你们俩总是先无私地奉献，然后才有所求。

但丁第一次拜访时，在维罗纳待了九个月。巴尔托洛梅提供了优厚的款待和庇护，但丁在巴尔托洛梅家就如同在佛罗伦萨自己家，住得越来越舒服。这是座设计美观、人口密集的城镇，很像佛罗伦萨。阿迪戈（Adigo）河从城镇的中心蜿蜒流过，正如阿尔诺河从佛罗伦萨穿过一般。绵延起伏的山丘围绕着维罗纳，像极了佛罗伦萨。城墙之内的布景也让人不禁想起佛罗伦萨：维罗纳也是“罗马的女儿”，尤其是它广阔的罗马露天剧场或者说竞技场，可与罗马的斗兽场相媲美，占据了城市的中心，与河流的景色融为一体。

但丁此次来到维罗纳的使命是为赢得巴尔托洛梅的支持，使白贵尔弗派能再一次打回佛罗伦萨。1303年年末，似乎最佳时机已经到来。有“美男子”之称的法国君主腓力四世（Philip Ⅳ）与卜尼法斯八世在税收上发生口舌之争，并被草率地逐出教会。腓力四世大发雷霆，派了两个党徒前往教皇在阿纳尼的宫廷，就在罗马东南边三十五英里远的地方。他们掳住卜尼法斯，除了粗暴对待他之外，还将他的宫廷掠夺一空，这一幕后来被称为“阿纳尼悲惨的一天”。一个月后，10月，卜尼法斯在罗马去世。尽管但丁对卜尼法斯充满仇视，但他谴责这次攻击在道德上是有罪的，是忤逆基督的行为。在《炼狱篇》第二十章中，但丁描述了这样的情景：“百合花徽进入阿纳尼，基督在他的代理人身上遭到逮捕。”但卜尼法斯离世毕竟让但丁心中释然，并为温和的本尼狄克十一世（Benedict XI）的上任感到欣喜。

本尼狄克派出一名能干的外交官，普拉托（Prato）的枢机主教前往佛罗伦萨，旨在促成黑党与白党的休战，和平又有了一丝希望。但丁代表“白党的议会”给枢机主教写了一封公开信，这是他的第一封至今留存的信，信中表达了他们对教皇使者的信心和期望。

但是此举也是白费心机：黑党顽固不化，枢机主教于1304年6月离开了佛罗伦萨，使城市控制在教皇的禁令下。本尼狄克十一世于1304年7月去世。枢机主教内部复杂的政治斗争引发了教廷内十一个月的内讧，在此之后，克莱芒五世当选上任。在但丁的余生中，教廷一直被法国人统治。

但丁于1304年的早春离开了维罗纳。枢机主教的使命化为泡影。巴尔托洛梅·德拉·斯卡拉于同年冬天去世。他的位置由他的弟弟阿尔博伊诺（Alboino）继任，他和但丁之间多有不和。在但丁接下来即将动笔的《筵席》中（第四卷，第十六章），但丁形容阿尔博伊诺之所以被一些人认为是贵族，只是因为他比较出名。当然最终但丁还是回到阿尔贝托的小儿子坎格兰德（Can Grande）的庇荫下。但是当但丁弃维罗纳而去的时候，这位未来的领袖也不过是个十三岁的小男孩儿。

但丁离开维罗纳之举，是他极端沮丧和失去耐心的结果，是与白贵尔弗派流亡团体的一刀两断。回想起来，又是借卡洽圭达之口，但丁称他们“邪恶而且愚蠢”，“通通忘恩负义、通通疯狂和穷凶极恶”。这个流亡团体只是群龙无首、无能散乱的乌合之众，然而他们也反过来谴责但丁没有尽到使者的职责。现在但丁完全不依靠任何党派，用卡洽圭达的话来说，他“独自成为一派”。

独自成为一派的但丁在帕杜阿（Padua）稍作停留，又去博洛尼亚逗留了好一阵子。在博洛尼亚的诗人和学者当中，但丁欣喜地遇到年长他五岁的诗人法学家朋友奇诺·皮斯托亚，他是皮斯托亚的一名黑贵尔弗派成员（但丁并没因此有丝毫不快）。这个黑党成员自从白党在皮斯托亚掌权后就被流放在外。

但丁与奇诺多年来互相赠答十四行诗，并经常伴以书信，大多讨论诗歌、诗歌习语和爱的变幻莫测。例如早期的赠答过程中，奇诺提到一位他刚认识的可爱的女士，他称其为“绿女士”，奇诺请但丁给他建议如何回应这位女士。“但丁，我该怎么办？”但丁在回应的十四行诗中隐晦地说，“一位穿着如此清一色——绿色——的女士是危险的”，“所以在我来看你应该就此收手”。

在博洛尼亚和之后的不久，但丁和奇诺就很快开始了十四行诗的往来，每人至少写了三首，这样一直持续到1306年奇诺准备回到皮斯托亚的时候。这些诗歌是很私人的，饱含感情，充满文学气息。但丁不无恋旧地说：“自从九岁起，我就与爱相伴。”奇诺问但丁如何控制自己的爱与欲望，但丁如是说：“我知道爱是如何的抑制又勃发，以及在爱的控制下，人们如何的欣喜与悲伤。”但丁做了一点儿自我的表露：“爱让人的行为失去理性和道德的束缚，就如在风暴中提高音量的人。”

奇诺的一首十四行诗跟随着但丁横跨意大利，去了托斯卡纳西北部的卢尼贾纳（Lunigiana）。但丁于1305年到达这片古老而仍然兴旺的罗马定居地。他是受马拉斯皮纳（Malaspina）侯爵之邀前往那里的，因为马拉斯皮纳听说了但丁的外交本领，想让但丁帮他解决与当地权贵卢尼（Luni）主教之间的严重分歧。但丁令马拉斯皮纳比较满意地解决了这个争端，而且就在那个时候，但丁收到了奇诺的来信，信中悲叹说，一根邪恶的毒刺（mala spina）扎进了他的心（此处运用了马拉斯皮纳名字的双关），他在临死前能够得到帮助吗？但丁对此兴致勃勃地责难说：

> 你温柔清晰的声音使得你能
> 找到任何财宝，然而你的心如此善变
> 爱的游吟诗人伤害不到你
> 你也因你多变的心误入歧途

奇诺最后存留的十四行诗向但丁尖刻地描述了他流亡的状况，但后来行文变得轻快一些，提起了一位等待爱的新的美人。但丁又一次亲切地责备他：

像你这样朝三暮四的爱人
爱对你的伤害也重不到哪里去

在写下这条智慧的忠告之前，但丁写了一段令人诧异的新的注释：

我以为，奇诺大师，我已经要让我们的诗歌告一段落
因为我的航行将另辟新路，离岸渐行渐远

但丁说，他短期内还会对奇诺的朝三暮四稍加评论，但这之后他有别的事情要忙。

这首十四行诗可能写于卢卡，一座距佛罗伦萨以西三十五英里远，古墙围绕的城市。在致力于独自成为一派之后，但丁意识到，虽然他仍然是一个佛罗伦萨人——这座城市“土生土长的公民”，并反复强调此点——但是他更是佛罗伦萨的诗人，换个更好的说法，是一个文学家。用他自己的比喻来说，他已经做好准备为新的诗歌去冒险了：首先是一篇以散文体写就的诗歌研究文章，尤其是意大利、托斯卡纳和佛罗伦萨的诗歌；更

广义上来讲，也是对诗歌语言，以及普遍意义和历史意义上的语言的研究。这也是《论俗语》的主旨所在——一部关于白话诗的专著。但丁在卢卡这样一个单纯、宜人的地方开始了《论俗语》的写作，应补充一点的是，据说卢卡人讲的是最纯正的托斯卡纳方言。

这部作品的生成基于但丁在博洛尼亚与奇诺·皮斯托亚相处的那段时光。但丁在卢尼贾纳写成的十四行诗提到奇诺“温柔清晰的声音”，在但丁接下来的一首十四行诗中也暗指了奇诺“温柔的语言”（dolci detti）。当然显而易见地，在《论俗语》中，但丁不止一次地指出，奇诺为托斯卡纳诗歌可以达到的最高标准树立了罕见的榜样。

在赞誉奇诺之前，但丁先对人类语言做了一番概述——语言是人类特有的能力，也是人类普通生活的基础——从亚当的单一的语言，到令人类世界陷入语言混乱的臭名昭著的巴别塔，再到当时那个时代。可以观察到，有三大类语言（数字“三”总是为分析提供了框架）：北方语言、东方语言和南方语言。对于南方语言，主要有三种：法语或 oui 语，普罗旺斯语或 oc 语，还有意大利语或 si 语。[1]但丁指出，意大利语正如意大利这个命运不济的国家一样，很快就分化成很多不成体统的习语。不仅比萨人和帕杜阿方言不同，相邻城市的人也是如此，甚至同一城市不同地区的人说的语言也不同。总之，但丁分出了十四种不同的意大利方言。从一开始，他就宣称他做的这种研究前无古人；的确，就概念性的探索和实践性的细节而言——但丁悉心倾听并记录了这片土地几乎每个角落的各类各异的方言——在但丁之前，没有任何哪怕和这接近的研究存在。

尽管如此，但丁宣称，意大利是所有现存语言中最优秀的语言，因为最优美的诗歌是用意大利语写成的。这里但丁停顿了一下，接着批评托斯卡纳的表达方式是"愚蠢的废话"。他说，很少有作家可以达到俗语的最佳境界，他举例说："圭多（卡瓦尔坎蒂），拉波（詹尼），以及另一位（指但丁本人），全都是来自佛罗伦萨的，还有一位奇诺·皮斯托亚。"

这部专著接下来颂扬雅歌这种抒情形式：但丁声称在他的诗人生涯中，雅歌是当时（1305 年）诗歌的最高形

① 根据肯定副词把拉丁系语言分为 oc 语，oui 语，si 语，意思为"是的"。

式，他融合了歌谣和十四行诗的精华。《论俗语》的第二部分主要介绍雅歌这种唯一能够承载高贵题材的诗歌形式：英雄主义、爱、道德——这些题材后来被进一步定义为战斗的勇猛、真正的激情和正义的意志。在少有的几个真正精专雅歌的创作者当中，但丁引用了普罗旺斯诗人贝特朗·博恩（Bertrand de Born，约1140—1215）的一首赞咏战争为人类最高情趣的诗歌：

> 我要让你知道，我在吃喝睡觉上得到的乐趣，
> 少于听到“冲锋”的高喊……
> 以及看到带着喷枪袭击的战死者
> 和从四面八方竖起的旗帜。

但丁灵魂中的勇士精神让他十分欣赏这段煽情的话；尽管如此，在《地狱篇》中，贝特朗深处地狱的第八层，揪住头发提着割下来的头，并承认自己向英格兰年轻的亨利王子进谗言（怂恿他反叛他的父王亨利二世）。

但丁也提到了阿尔诺·达尼埃尔（Arnaut Daniel），后者用普罗旺斯方言哀叹那进入心中的伟大的爱，令但丁敬重有加。在离佛罗伦萨近一些的地方，但丁将奇诺

列为托斯卡纳的“爱的诗人”，以及“正义的诗人”。但丁在自己的作品中引用道：“Doglia mi reca ne lo core ardire”（悲伤让我心灵坚强），这是他一首长雅歌的第一句。这首雅歌是但丁最近完成的，也是他写的倒数第二首雅歌，原本是为了歌颂慷慨，但主要的内容是抨击令但丁最愤怒的罪行——贪婪。

《论俗语》的最后阐述了雅歌本质上的悲剧性，适合“高级形式的诗歌”，因此喜剧适合于“低级的形式”，挽歌适合“不快乐的形式”。一首雅歌由长度相等的诗节组成。但丁引用了圭多·卡瓦尔坎蒂和圭多·圭尼泽利（“伟大的圭多”）的作品，也用他自己的作品作为示例，包括《新生》中的七首，比如《懂得爱情的女士们》《富有同情心的女士们》。

尽管此书旨在为俗语文学正名，但是《论俗语》是用拉丁文写成的，因为它是专门面向知识阶层的。此书分为两卷，大约五十页（现代版）。它本来可以更长，但是在第二卷的第十四章结尾处就结束了，可能是因为但丁急于开始《论俗语》的姊妹篇，即用意大利俗语写成的《筵席》。

为了通过举例来阐明对雅歌的主张，但丁在《筵席》中诠释了他自己这些年写过的一些雅歌，尽管当中他也不厌其烦地解释了作者过多谈论自己作品的合宜性。正如书的题目所指，《筵席》是一场盛宴，一场邀请所有友好的人参加的知识盛宴。书的设想基于这样的前提：亚里士多德在《形而上学》开头的说法是正确的，即所有的人生来有求知欲。这场盛宴的精神食物分十四道呈上，也就是十四首雅歌，旨在让人们省察和理解。实际上，但丁只分析了三首，这本书在第四卷的第二百五十页处就止住了。

《筵席》写于1306年到1308年之间。前一部分可能是在《论俗语》告一段落后不久，完成于卢卡。后一部分可能是“在路上”的时候写就的。从行文中可以明显察觉出旅途写作的痕迹，这一部分也极其抽象，是但丁写过的最公开的个人化内容。但丁塑造了一个祈祷归乡的孤独流浪者的个人形象。这段描写出现在第一卷的第三章，他提到，他——

遭受不公的惩罚，这里的惩罚我指的是流放和贫穷。我有幸成为罗马最美最有名的女儿

> 佛罗伦萨的公民，在那里，我出生长大，达到人生的巅峰；在那里，我请愿，我全心渴望我疲惫的心灵可以得到缓解，结束我的流放之途。然而，我被赶出了佛罗伦萨最亲近的庇荫，我流浪徘徊四方，走遍几乎所有说这种语言的地方，一个异乡人，甚至成为一个乞丐……

更糟糕的是，但丁写道："不仅我本人遭到轻贱，就连我所有的作品也不被重视。"

《筵席》的主旨之一是通过精心展示这些年但丁写过和流传过的诗歌，重新建立他本应所得的尊崇地位。以上引用的悲叹中，明显还有另一层含义——隐含的道歉或道歉的意愿。同样的含义也体现在《三个女人来过我心里》（"Tre donne intorno al cor mi son venute"）当中。这首雅歌写于博洛尼亚时期，介绍了分别自称正义、慷慨和节制的三位女性。她们充满愁绪，衣冠不整。自称正义的女性衣衫褴褛，袒露出"她身上羞于启齿的部分"。和但丁一样，这三位女性也在流放之中，她们被逐出故乡（估计是佛罗伦萨），她们"困顿疲劳，被所有人遗弃"。但丁充满音乐性地表达说，倘若这些优秀的品质都被佛罗伦萨摈弃，那么他能同她们一起被流放，是他的荣幸。然而但丁开始思索，所发生的一切是不是也有他的一点儿责任，并且思考自己是不是忏悔得不够多。因此，但丁将这首雅歌寄回佛罗伦萨，请求白党和黑党的原谅：

歌谣啊，去和白党的党羽叫喊吧；
歌谣啊，去和黑党的猎犬狩猎吧——
尽管我不得不流窜在外，然而，
他们更可以使我成为和平的恩典……
智慧的人不会不知谅解
谅解是战争中的一大胜利

这首雅歌或“歌谣”是否真的到达佛罗伦萨或者是否被人读到，已无从考证，但是和平未至，战乱继续。与此同时，但丁给佛罗伦萨人写了一封公开信，尽管原信已佚，但是利奥纳尔多·布鲁尼（Lionardo Bruni）以拉丁文引用了信中第一句的福音用语——Popule mee，quid feci tibi（啊，我的人民，我对你们做了什么）？

在《筵席》的创作过程中，但丁将当下的诗歌自我与《新生》中的自我做了对比。但丁认为，《新生》是在他青年的初期写成的，基调激情炽烈，符合当时的年龄（这里有虚构的成分，但丁完成《新生》的时候他即将跨入三十岁）。《筵席》是他在成熟的年纪写的（这完全合乎事实），因此其风格更富男子气概，并温和适度。但丁以这样的风格在书的第二卷中讨论了“你们以智力推动第三层天者”。但丁说道，我们可以回想，这位设想中的人物并不是有血有肉的女人，而是哲学的化身。

书的第三卷的核心内容是雅歌《爱，在我脑海里虔诚地诉说我的爱人》。这是一首巧妙呼应《新生》中“温柔的新体”的赞歌。然而在这首雅歌里，这位女士正是哲学，或哲学的引申意义：人类灵魂渴望与之结合的神圣智慧。《神曲》中，神圣智慧的化身是贝雅特丽齐。

最后在书的第四卷中，但丁诠释了一首雅歌，它的开头就宣称这不是一首情诗，而是会用“严厉而微妙的韵律”来探索一个实际的问题：仁慈（gentilezza）的真正的高贵源自哪里？但丁称这首为“对犯错的人”（contra-li-erranti）的诗歌。它所提及的诸多错误观念之一，便是认为高贵与财富有关联；这首诗阐明，富人们是“天生卑鄙的……卑鄙而有缺陷的”。高贵也和出生的门第无关。真正的高贵源于美德，“哪里有美德，哪里就有高贵”。

我们可以发现，但丁的思维和想象力从爱和哲学一下子转到了人间事务。1307年，但丁见证了国际舞台上巨大的更迭和挑战，随后他在一篇关于雅歌的评论中有力地论证，现在急需一个单一的世俗权威下的超民族国家。但丁对政治的思考已经超越了城邦国家是最理想的生活形态这种观念。但是他毕竟还是个十足的意大利人，因此认为这个国家的领导者应是一个国际领袖，并且是一位在罗马加冕的帝王。这段论述表明，但丁在1309年到1310年之间，已经准备好迎接能胜任这样至高无上的角色的一个人物——卢森堡年轻的国王亨利七世。

但丁在转向《神曲》这一伟大巨著之前写了最后一首雅歌，他的抒情体裁的创作才告一段落。这是一首迷人、奔放又跌宕起伏的诗歌，其开头最为出名："Amor, da che convien pur ch'io mi doglia"（爱，最后我不得不为他人悲伤）。这首诗歌显然写于卡森蒂诺山谷，但丁管它叫作"山歌"（mountanina canzon），里面提及很多"在山中"河堤旁的关于爱的奇异经历。但丁将这首诗连同一封拉丁文的信，寄给了卢尼贾纳的马拉斯皮纳。但丁在信中对此做出了更详尽的解释。但丁为自己不能继续侍奉他的庇护主（承担一些使命或其他事务）而道歉，并解释他已经——

> 极少踏入阿尔诺河的水流中
> 突然间，一个女人仿若闪电般从天而降
> 我不知道她的出现让我多么欣喜

但丁在这首诗中解释说，他没法不想她，或没法不写关于她的诗，他完全被“她的美丽和恶意”所占据。之所以说恶意，是因为她为但丁带来了灾难性的影响。

但丁告诉马拉斯皮纳，如果这首山歌能回到佛罗伦萨，回到“将我驱逐出去的我的城市”，它要向人们传达的是，但丁不再是好战之人：“写我的作者不会再向你发起战争，他被我所来的地方所束缚。”

一些人认为，这位给但丁带来极大震撼的女士是卡森蒂诺的一个真实的女性，但丁对她产生了强烈的情欲。另有一些人认为她就是贝雅特丽齐，突然从天而降，让但丁震撼得动弹不得。但似乎但丁已成为颇喜欢同时讲述两件甚至更多事情的作家。我们可以设想，这位卡森蒂诺的女士或许是真实存在的，美丽而又诱人，可是但丁边写边在想象中把她变幻成了贝雅特丽齐。可以说，这是但丁在炼狱山顶峰的人间乐园见到贝雅特丽齐的第一眼，她美得震慑人心，又充满严肃的道德感。

由此看来，这首山歌标志但丁从激情飞扬的抒情诗向高瞻远瞩的史诗的过渡。这封寄给马拉斯皮纳的信写于1308年或1309年，讲述了这首雅歌的由来。据此推测，《地狱篇》的写作也在这一时期开始，就在卡森蒂诺这一带。

"《神曲》的作者，"弗朗西斯·弗格森在他关于但丁的卓越研究（1966）中说，"凭借他持续有度的进展，自由的风格，以及无可匹敌的丰富又具体的观念，成为一个新的但丁。"弗格森认为，在写《筵席》和开始写《神曲》之间的某段时间里，但丁经历了"心灵的转变……转向了关于人和他自己命运的宗教观"。然而，但丁的宗教观基本上是基督教的人道主义，弗格森继续解释说："这意味着但丁可以凭借诗人的自由，通过微妙而又具有多面性的现实主义来展现人性，这是前无古人后无来者的创举……他能够让他的诗歌中除了他自己，还存在着形形色色的灵魂与声音，以及'神的世界'里的景象、声音和味道。"

于是但丁开始了他异世的旅程：深往层层地狱，保罗

（Paolo）、弗兰切斯卡（Francesca）和其他更邪恶的受到永世惩罚的人都在其中；接着他登上炼狱山，像皮娅·托洛梅伊这样的灵魂在这里净罪，准备最终的救赎；最后他来到了天国，像毕卡尔达·多纳蒂（Piccarda Donati）这样的灵魂在这里蒙受永久的天国之福。我们对于但丁写作的各阶段了解得并不详细。但是显然，从写作灵感萌发的最开始，整部《神曲》就在但丁伟大的思维中酝酿着。

“Nel mezzo del cammin di nostra vita”——在人生的中途——这是《地狱篇》荡气回肠的开篇。它告诉了我们但丁正值三十五岁时经历的冒险；这里人的寿命被估算为七十年。这意味着我们正在1300年，也就是但丁写下这句话的八九年前。我们可以得知这正是4月7日，圣周的周四晚上。这位朝圣者的旅途经过耶稣受难日的星期五，复活节的星期天，以及接下来一周的前几天。

但丁发觉自己“已经迷失了正路，走进了一座幽暗的森林”（但丁在1300年年初的所有行踪都表明，他在道德上从未失去方向，倘若真的有所指，也更可能是暗指13世纪90年代中期，他和那位窗边的女士调情，以及写给科尔索·多纳蒂粗俗诗句的事情）。当他疲惫地走到山脚下时——如他所期待的一种逃离——有三头野兽挡住了他的去路：一头豹、一头狮子、一头母狼。

我们可以回想，这些动物有着不同的寓意，它们代表着摧毁佛罗伦萨并导致但丁流亡的不同力量：肉欲，专属于佛罗伦萨的一种罪恶；野心，教皇的致命缺陷；还有贪婪，对于但丁来说是最可恶也是最常见的人类劣根性。五十行之后，但丁暗指出另外一种富有寓意的野兽，一只猎犬。它似乎象征了意大利未来的救星，有可能是指当时才九岁的坎格兰德·斯卡拉。

一个明显的人影儿出现了。这个人影儿说他自己："我不是人，从前是人。"这个人正是来自曼图亚（Mantua）、歌唱埃涅阿斯的诗人维吉尔。但丁向他致意，管他叫作"我的老师，我的权威作家"，但丁从他那里学来了使其成名的写作风格。维吉尔解释说，一段艰难的旅程正等着他们。那些凶恶的野兽阻挡他们登上山顶的去路，他们必须另寻他路，维吉尔会作为向导，带但丁去"一个永恒的地方，你在那里将听到绝望的呼号"——即地狱；然后去往一个地方，在那里有"安心处于火中的灵魂，因为他们希望有一天会来到有福者中间"——即炼狱。最后，如果但丁想要继续往上，"一位比我更配去那里的灵魂会来接引你”。这人正是贝雅特丽齐，她嘱托维吉尔去深处搭救但丁，她也会引领但丁游历层层天国。

在但丁的构想中，维吉尔代表了人类的智慧，可以带领个人走向美好的人生，并有可能获得救赎。贝雅特丽齐则代表了神圣的智慧，单单凭借神圣的智慧就可以获得关于救赎和永生的真理。在这里我们要稍作停顿，来先考虑一下解读的整体问题。

《神曲》在英文里被叫作“Divine Comedy”，各种对其不同形式不同层次的分析和评论纷纷涌现出来。但丁本人在1319年给坎格兰德的信中说，他想把他正在写的《天国篇》送给他的前接待人与庇护主，作为对方慷慨礼遇的回赠。可以说，这封信包含了对高等诗歌的一番说教。但丁以说教的形式，阐述了这部正在进行中的作品的双重性：论述和处理方式。论述是三重的（诗篇、章节和诗句）；处理方式是多重的（诗意的、虚构的、描述性的等等）。这里我们可以回顾，但丁明确地坚持认为，这部作品不是悲剧，形式上并不是以平静开头，以恐怖收尾。这是一部喜剧，以艰难险阻为开始，以幸福为结尾。《神曲》始于地狱，终于天国。

但丁说，《神曲》的意义不是单一的，而是“应该叫作多义的（polysemous）”。其多义性可以分为两类，字面的意义和寓言的意义：人的灵魂在死后真正经历的事情，以及这些经历在道德和神学上的意义。大约半个世纪前，美国的文学评论常常引用这封给坎格兰德的信，因为里面提及了这“四层意义”：字面的、道德的、寓言的以及秘奥的意义。他们倾向于通过解读“寓言的”意义来阐述人类历史的整体趋势，正如福克纳（Faulkner）的小说反映了美国南部的历史。但丁的第四层意义，“秘奥的”意义指的是一种形而上的最终意象。

《神曲》引人入胜的情节、回味无穷的际遇与栩栩如生的人物，使它得到其他任何文学作品都无法与之相提并论的分析解读：它精心构思又保持一致的道德框架，它对于佛罗伦萨、意大利乃至整个欧洲的状况的一览式概述，以及从圣托马斯思想中汲取的对神性的描述。与此同时，但丁是文学历史上一个绝佳的典范。他代表了这样的作家：在每个重要关头，都寻求自我（人性上的、道德上的、心理上的、想象上的），找到自我，定义自我——实际上，也就是讲述自己的人生经历。以上正是我在此传记中要对《神曲》加以重点解释的几方面：简单来说，它是但丁的自传之诗。我们应该意识到，《神曲》

在更广大的层面上发人共鸣，而此诗的伟大之处也在于这些不同层面上引发的共鸣。

尽管关于自我发现的情节在《炼狱篇》中更清晰也更连贯，但《地狱篇》已经有不少的展现。我们可以从第五章的保罗和弗兰切斯卡的故事开始说起。但丁由维吉尔带领，此时已经经过了地狱之门。地狱之门上有着这样的题字：

> Per me si va nella città dolente...
>
> Lasciate ogni speranza, voi ch' entrate.
>
> （由我进入愁苦之城，
>
> 由我进入永劫之苦。）

但丁见到了那些从未真正活过的卑怯之徒，他们既未从善，也未作恶，教皇西莱斯廷五世就在其列。他们是一大群人，但丁惊异地说："我绝不相信，死神已经毁掉了这么多的人。"［这句话后来被 T. S. 艾略特引入现代诗歌，又被哈特·克莱恩（Hart Crane）引用。］但丁进入了地狱的第一层，又名林勃，是地狱的前堂。在这里，但丁看到了那些从未受洗的异教徒（但丁在天国的时候询问过这些人以及他们所处之地的公正性）。他尤其注意到一些古代的伟大诗人——“最崇高的诗歌的诗人之王”：荷马、贺拉斯、奥维德、卢卡努斯。维吉尔是第五位诗人之王，但丁之后高兴地说，他们向他表示敬意，给了他很多的赞誉，将他列入他们的行列，将他尊为第六位诗人之王。诗人但丁还见到了古代的英雄男女们——厄勒克特拉（Electra）、埃涅阿斯、恺撒、卡密拉（Camilla），伟大的哲学家苏格拉底、柏拉图以及“智者们的大师”亚里士多德。

但丁随着维吉尔来到了地狱的第二层，地狱的折磨才开始，犯淫邪罪的人被永不止息的风刮来刮去。前头坐着凶恶的判官米诺斯（Minos），由他来决定每个忏悔后的灵魂该在地狱的什么地方受永世的惩罚。在一处被风暴席卷的黑黢黢的地方，两个灵魂靠过来，但丁听到了他们的故事。其中一个讲话的是来自拉韦纳的弗兰切斯卡·波伦塔（Francesca da Polenta）。她嫁给了里米尼（Rimini）的封建主但是爱上了丈夫的弟弟保罗；丈夫捉奸在床，当场将叔嫂两人一并刺死。

弗兰切斯卡讲述着她的故事，让人想起《新生》高潮部分关于爱与死的诗歌。她歌颂着爱（amor），在温柔的心中（cor gentil）迅速燃烧起来，无需借口。她说，爱引导他们同死（Amor condusse noi ad una morte）。在但丁的托斯卡纳语中，“amor”（爱）在“una morte”（死亡）这个词的发音中重复出现，这本身就是一种爱和死主题的表现，也是决定人类命运的爱与死同存的印证。

但丁急切地想要知道发生了什么。弗兰切斯卡说道：

> Nessun maggior dolore
> che ricordarsi del tempo felice
> nella miseria;...
> （再也没有比不幸中回忆幸福的时光更大的痛苦了……）

（但丁在托斯卡纳区某地自言自语。）一天，弗兰切斯卡诉说，她和保罗读到朗斯洛（Lancelot）和朗斯洛对圭尼维尔（Guinivere）的爱的故事。

> 当我们读到那渴望吻到的微笑的嘴被这样一位情人亲吻时，这个永远不会和我分离的人就全身颤抖着亲我的嘴。

这本他们阅读的书对他们的作用就像一个淫媒（Pandar），意大利语里叫作加勒奥托（Galeotto）：

> Galeotto fu'l libro e chi lo scrisse:
>
> quel giorno più non vi leggemmo avante.
>
> （那本书和写那本书的人就是我们的加勒奥托：那一天，我们没有再读下去。）

这两个罪人激起了但丁的怜悯之情，让他想起他自己对于爱和死的亲身经历。他像死尸一样昏倒过去。这段闪亮动人的插曲告一段落。

保罗和弗兰切斯卡永世都在地狱中，但是对所有被置于地狱中的灵魂来说，他们的罪算是最轻的了，但丁对此提了不止一次。更往深处去，比如在地狱的第六层，也就是犯异端罪者被埋葬的地方（第十一章），维吉尔向但丁讲述人类不同罪恶的轻重之分。维吉尔引用了亚里士多德《伦理学》中的一段话，讨论了放纵、恶意与兽性的问题，说道（维吉尔在这里复述）："放纵得罪上帝较轻，受到责罚较轻。"维吉尔提醒但丁想想那些在第二层的因肉欲受罚的灵魂，但丁得以看清为什么把他们和在地狱里比他们低很多的那些凶恶的人分开，以及“为什么神的正义之锤击打他们，怒气较轻”。这是纯正的经典基督教教义，贯穿始终的人道主义基调，但丁借此也对自己的行为给出了较轻的裁断。

但丁还在昏迷不醒的时候被抬到地狱的第三层，等到他醒来的时候，发现周围是犯了贪食罪的人，他们躺在泥土里，经受着黑水和脏雪的浇打。他们当中的一个突然坐起来喊但丁，这个人是佛罗伦萨人，人们都只知道他的绰号是洽科（Ciacco，意思是“猪”）。但丁顺便向洽科打听关于佛罗伦萨的事情，洽科预测了即将到来的斗争和黑贵尔弗派残酷的胜利。这场1300年发生在地狱中的谈话，因诗人十年后写诗时的想法而蒙上了深深的阴影。

但丁又下到了第四层，他遇到了无数的贪财者，他们滚动着重物，互相碰撞。这时显然是已过午夜。

在地狱的第六层，犯异端罪者处在灼热的石棺中，但丁听到一个声音：“啊，托斯卡纳人……你的口音表明你出生在我那高贵的家乡。”（第十章）这位正是吉伯林派的领袖法里纳塔·乌贝蒂，他露出半身站了起来。他们的对话在前文提过，法里纳塔曾向但丁诉说他是如何只身一人将佛罗伦萨从危机之中挽救出来。另外一个声音从烈火中冒出：这个人是卡瓦尔坎特·卡瓦尔坎蒂，他急切地向但丁询问他儿子圭多的情况。

从那个地方，但丁被引入一条陡峭的路，那是一条由松散崩塌的石头堆成的路，通往一条浮在第七层地狱之上的血河。犯暴力行为罪的人在这里被狠狠惩罚，从如暴君和杀人犯等对邻人施加暴力者开始。接下来是对自己施暴的人即自杀者，但丁巧妙地用三组三连韵（tercet）来形容他们自我否定的行为，都以“不”（non）开头：“not green was the foliage”（树叶不是绿的）等等。这些罪人当中最让人难忘的是皮埃尔·维涅（Pier della Vigna），他曾是腓特烈二世的尊贵的宰相，也是优秀的拉丁散文作家和意大利诗人。他后来蒙辱，被弄瞎眼睛又被囚禁，在1249年自杀。他的灵魂以一小段诗的恳求，结束了他悲伤身世的述说：

E se di voi alcun nel mondo riede,
conforti la memoria mia, che giace

ancor del colpo che 'nvidia le diede.

（如果你们当中有一个回到世上，就为我恢复受忌妒的打击而依然扫地的名誉吧。）

在地狱第七层深处的第三环，但丁看到了那些“对自然施加暴力者”，他们在燃烧的沙地中奔跑，其中的一个凑过来，拉住但丁的衣裾喊道：“Qual maraviglia！”（多么奇怪呀！）这人正是布鲁内托·拉蒂尼。前文提到过他们在地狱中的对话，直到布鲁内托奔走着离开，用但丁的话来形容，如同那些参加维罗纳越野赛跑争夺绿布锦标的人似的，“像其中的得胜者，而不像失败者”。

在第七层的同一个角落，但丁认出了“贤良的瓜尔德拉达”的孙子，也就是但丁的远亲圭多·圭拉，“他曾用智与剑屡建功勋”。圭多·圭拉曾警告佛罗伦萨人不要对锡耶纳出兵，这场进攻后来导致贵尔弗派在1260年蒙塔佩蒂之战中大败。至于为什么但丁将圭多·圭拉置于鸡奸者之列，原因不详。但是所有关于他的想法都在但丁的脑海中闪过，这时但丁看到了一个生物向上穿过空气，向他们游过来，“使每颗镇定的心都感到惊奇的怪物”。这个怪物是格吕翁（Geryon，读的时候g发轻音），维吉尔这样向但丁形容格吕翁："那只翻山越岭，摧毁城墙和武器的尖尾巴的野兽。"

格吕翁是象征欺诈（接下来要描写的罪恶）的"肮脏形象"，脸是人的"正直面孔"，却有着蛇的身体，和两只长满了毛的带爪子的脚掌。但丁和维吉尔要骑格吕翁下到第八层地狱。在骑上格吕翁之前，维吉尔让但丁再看一眼第七层的这群罪人：他们是放高利贷者。但丁小心地说，看过那些人的脸之后，他一个都不认识。

接着，维吉尔和但丁骑到了怪物的背上，维吉尔坐在但丁的后面，抓住但丁的双臂扶着他，然后就开始了降入第八层之旅。维吉尔仿佛给出军令一样地命令格吕翁："格吕翁，现在开动吧：圈子要兜得大，降落要慢。"格吕翁慢慢向下游去，一边转圈一边下降。但丁紧紧抓住格吕翁，恐惧得忽视了飞在他们头顶的黑暗的恶魔们：

> 格吕翁就这样把我们放下来，放在紧挨着悬崖峭壁脚下的地方，卸下了我们的身体的负担以后，它就像箭离弦似的不见了。

这个螺旋式下降的旅途经过了恶臭的空气，充斥着飞旋的恐怖之物，它充分地标志了《地狱篇》中的一个决定性转折点：从放纵、暴力这类严肃但是较轻的罪恶，通过一段经过了欺诈者和欺骗者——诱拐者、买卖圣职者、阴谋策划者和假冒伪造者——的恐怖之旅，最后到了背叛朋友和国家者的地狱最低点，第九层。但丁对人类不当行为的等级划分总的来说坚定而一致：对现代人来说，这种划分大部分是符合理性的。真正挑动读者想象力的，是但丁接连不断的充满想象力的描述，其中包括在地狱各层各个情景中出现的夸张意象、人物和他们的不当行为，以及关于所受折磨的具体细节。但丁写成《新生》与《筵席》后，经历了一场奇迹般的自我突破，同时他始终沉浸在维吉尔的《埃涅阿斯纪》中，现在俨然已经成为戏剧化叙事的大师。

第八层地狱叫作马勒勃尔介（Malebolge），“万恶的地域”，或者可以称之为恶囊。这层地狱是一圈深色的岩石，分成十个恶囊。《地狱篇》从第十八章到第三十章，超过全书三分之一的篇幅都在描绘第八层地狱。在这里但丁看到“新的悲惨景象”和“新的酷刑”。他先看到那些诱奸者和淫媒的灵魂被长角的恶魔毫不松缓地不断鞭打着。罪人中的一个自称是博洛尼亚人，这个地方到处都是博洛尼亚人，由此可见但丁对博洛尼亚当时的政治史充满厌恶。他认为在种种欺诈罪中，犯谄谀罪是尤其可恶的，这一点可以从他对头上沾满粪便的卢卡人阿莱修·殷特尔米奈伊（Alessio Interminei）这一人物的描写看出。

在另一道壕沟中，但丁强烈地斥责买卖圣职者。这些买卖圣职者被倒插在狭窄的圆洞中，他们的脚底被炙烤着。但丁此时幻想的是，卜尼法斯八世很快就要来到这一层了，虽然卜尼法斯直到1303年才去世。

但丁和维吉尔这两位诗人站在第五道壕沟的边上，俯视着漆黑的恶囊，那里的灵魂被肮脏的沥青遮盖，每当他们露出沥青就会被恶魔蹂躏。用旧时说法，他们是赃官，亦即我们现在都不陌生的中饱私囊者。中饱私囊也是但丁被黑贵尔弗领袖错判的罪状。但丁被这一惩罚的场景深深攫住，险些掉进沥青。“当心！”维吉尔大喊着将但丁拉了回来。

随着旅途的行进，维吉尔也慢慢在每个阶段成为有血有肉的人物。但丁称颂他为“我的主人”，并称其为老师和向导。维吉尔确实集这些角色于一身，从更高的层次来说，维吉尔是人类智慧的象征，与亚里士多德一脉相承。同时维吉尔也是个和蔼睿智的人，同时具有导师的循循善诱和治学的严谨。在《神曲》中，没有任何一个人物是完全寓言性的。

但丁责骂那些买卖圣职的教皇们（第十九章）：“你们的贪婪使世界陷入悲惨的境地……你们把金银做成神”——这时维吉尔带着满意的表情听着，随后搀着但丁的手臂，将他带到壕沟的顶上。不久，但丁就看到一群恶魔扑过来。他害怕得毛发直竖，大声向维吉尔高呼，他们俩要赶快躲起来。维吉尔轻声安慰但丁，“如同母亲……抱起儿子般”，将但丁抱在怀里，带着他顺着那壕沟滑了下去。当一群穿着镀金斗篷的伪善者灵魂徐徐飘来时，他们听出了但丁的托斯卡纳口音，问他是谁。但丁因受到罗马诗人慈父般的疼爱终于缓过来，立即开口回答：

> 我对他们说：“我生长在美丽的阿尔诺河边的大城市里。”

但丁的戏剧创造力在以尤利西斯（Ulysses）为中心的章节里达到了巅峰（第二十六章）。尤利西斯这位古老的希腊勇士和战略家是《地狱篇》中刻画得最为丰富的人物。他的故事正如他最后扑朔迷离的命运一般，是如此的引人入胜。但丁和尤利西斯的际遇以但丁回忆他家在帕尼奥勒乡村的土地开始，勾勒出一幅看似怡人的画面：

> 在小山上休息的农民看见下面那一道或许就是他收葡萄和耕地的山沟里有无数的萤火虫……

这个画面类似但丁在地下看到的无边火焰的骇人景象。阴谋策划者沿着壕沟的边缘窜来窜去，熊熊的烈火包裹着他们的身体。但丁经常借用人间的迷人景象来强调地狱的阴森恐怖，此处就是一例。

尤利西斯正是这些被诅咒的受罚灵魂中的一个，如维吉尔说的，他的罪因是献木马计，使木马进入特洛伊城内。因为尤利西斯是希腊人，所以他听不懂但丁的托斯卡纳方言，维吉尔代为开口，以高昂庄重的声音和尤利西斯讲话。包裹着尤利西斯的火焰摇曳跳跃，一个声音从火焰中传出来，以《神曲》中形式最为优美也最富夸张意味的习语说——

> 当我离开了把我强留在……该埃塔（Gaeta）的那个地方附近一年之久的刻尔吉（Circe）以后，对我儿子的慈爱、对年老父亲的孝心以及会使潘奈洛佩（Penelope）喜悦的应有的恩爱，都不能战胜我渴望阅历世界、体验人类罪恶和美德的热情。

因此尤利西斯再一次启程，带着一小伙人登上一条船。他们经过西班牙、摩洛哥，还看到了海格力斯之柱（Pillars of Hercules）。这可能已经是人类航行的极限了，然而尤利西斯劝告与他同行的人们要去往更远的地方——

> "啊，弟兄们哪，"我说，"你们经历千难万险到达西方，现在我们残余的生命已经这样短促，你们不要不肯利用它去认识太阳背后无人的世界。细想一想你们的来源吧：你们生来不是为的像兽类一般活着，而是为追求美德和

知识。”

这段话极大地激发了与他同行的人们的热情。他们“清晨时分，转掉了船尾”，继续航程，直到他们隐隐约约看到远处的炼狱山。但是此时暴风雨骤起，狂风卷住了船头：

> 它使船连同海水旋转了三次；第四次，正如另一位[1]喜欢看到的那样，就使船尾翘起，船头下沉，直到大海把我们吞没。

“Com' altrui piacque”——正如另一位喜欢看到的那样。这是一个经典的扣人心弦的戏剧情节，运用了一个经典的铺垫句。这也是但丁自我评估的重要一刻。但丁正远离妻儿和家乡游历世界，追求“美德和知识”。诚然，他不得不背井离乡。但是一方面，他知道尽管自己要蒙受耻辱，却总会有办法再和家人团聚；另一方面，他把这无尽探索的新经历当作极致的英雄之举。可以看出，丁

---

① 另一位，指上帝。

尼生（Tennyson）[1] 笔下的尤利西斯尽管明显脱胎于但丁笔下的形象，但表现得更有英雄气概，正如著名的结束句中所表现的：

我们都同样怀有英雄情怀
被时间和命运磨损，但仍意志坚定
去奋斗，去追寻，去发现，绝不屈服

尤利西斯所在的那团火焰安静下来，离但丁和维吉尔而去。另一个处在火焰中的灵魂向这两位旅人靠过来，发出公牛般的吼声。维吉尔说，这个明显是意大利人，但丁可以同他讲话。但丁问这个罪人是谁，这人发出一声长长的咆哮，声音淡去后，他用重复的“s”音回复但丁，他的声音同火焰的杂音混为一体：

S'i' credesse che mia risposta fosse
a persona che mai tornasse al mondo,
questa fiamma staria sanza più scosse.

---

① 阿尔弗雷德 · 丁尼生（1809 – 1892），英国 19 世纪的桂冠诗人。

（假如我相信我的话是回答一个终究会返回世上的人，这团火焰就会静止不摇曳了。）

T. S. 艾略特引用以上这段话作为他的诗《J. 阿尔弗雷德·普鲁弗洛克的情歌》（“The Love Song of J. Alfred Prufrock”，1917）的题词，同时写下了下面的三连韵诗，这位波士顿的流浪者普鲁弗洛克死后从一个隐喻的世界发声：

Ma per ció che gia mai di questo fondo
non tornò vivo alcun, s'i' odo il vero,
senza tema d'infamia ti rispondo.

（但是，既然果真像我听到的那样，从来没有人从这深渊中生还，我就不怕名誉扫地来回答你。）

这位讲话的罪人是吉伯林派的首领圭多·蒙泰费尔特罗（Guido da Montefeltro），他曾与卜尼法斯共谋，背叛了他自己的党派，之后又被教宗卜尼法斯以一贯的伎俩出卖。圭多·蒙泰费尔特罗死于 1298 年。

在地狱第八层的第九恶囊里的，是一群制造分裂者，他们是他们所在城市和社区里动乱的祸因。但丁在生活中鄙视他们，但是这群人在地狱里经受的惩罚之残酷无法用语言形容。其中一个鬼魂，身体被劈开直到“放屁的地方”，他的内脏垂在两腿之间。另一个的喉咙被刺穿，鼻子被削掉。还有一个被砍去了双手的鬼魂，举起他的残臂，称自己是莫斯卡（Mosca）。他曾怂恿他的家人以及亲戚阿米代伊家族在1216年的复活节早晨谋杀了布翁德尔蒙特。他喊叫道：“事情一下手就有结果。”这件事情，莫斯卡悽悽然地说：“是托斯卡纳人的祸乱的种子。”

第十恶囊里的是假冒伪造者，包括来自布雷西亚（Brescia）的亚当。他曾伪造佛罗伦萨的弗洛林金币，因此1281年被烧死在火刑柱上。他的身体被严重烧毁。作者但丁通过亚当之口描述了来自人间的卡森蒂诺清水的诱人景象：

那一条条从卡森蒂诺的青翠小山中流下来，倾注到阿尔诺河里，使它们流过的地方清凉湿润的小溪，如今还一直在我眼前。

亚当指向他附近的另一个伪造者，即希腊人西农。西农狡诈地欺骗俘虏他的特洛伊人把木马拉进城里。亚当和西农陷入一场闹哄哄的口舌之争，他们吵得精彩至极，以至但丁都听得呆住了。维吉尔严厉地责怪，但丁想要听这种争吵，是“一种卑鄙的愿望”。

一声号角响起。但丁仿佛在雾气之间看到了很多高耸的碉楼。他们是一群巨人，站在一口巨井中，肚脐以下完全在井里。这让但丁联想起位于托斯卡纳的围墙高筑的城镇蒙特里焦尼（Monteriggioni）以及城墙上的十四座碉楼。但丁发现，巨人之一是巴比伦的领袖宁录（Nimrod）。在但丁的神学观中，正是宁录建造了巴别塔，因而使人类的语言从开始的一种分为了很多种。还有一个巨人是安泰俄斯（Antaeus）。维吉尔告诉但丁，正是这个安泰俄斯，会带着他们“飞到一切罪恶之底去”，直到地狱的最底层。

维吉尔将他自己和但丁绑在一起，安泰俄斯接住了他们。但丁仰头看着安泰俄斯，想起了博洛尼亚的斜塔：

如同从倾斜的一面仰望卡里森达（Carisenda）

斜塔，当一片浮云……飘过塔上……

[这段话被刻在卡里森达斜塔的塔底。卡里森达斜塔正好向着阿西内利（Asinelli）塔斜过去。这两座塔立在博洛尼亚的帕塔利维纳纳广场（Piazza di Porta Ravegnana）上。] 虽然但丁宁可让别的什么带着他们飞行，但是安泰俄斯向下飞的过程始终轻柔小心，用但丁的话来说，他把他们带到了"全宇宙之底"。但丁说，要想描写那里的情景，绝不可当成儿戏。

但丁看到了一个冻结的湖，里面是背叛了家庭和祖国的人，只在湖面上露出脑袋和脖子。但丁从湖上走过，狠狠地踢在了其中一个人的脸上。这人是鲍卡·阿巴蒂，曾是吉伯林派人，在蒙塔佩蒂之战中似乎倒向了贵尔弗派，然而后来在一个关键时刻，他砍掉了举着战旗的佛罗伦萨人的手。紧接着贵尔弗派溃不成军。

他们刚离开博卡没多久后，但丁说道：

我看到两个鬼魂冻结在一个冰窟窿里，彼此那样贴近，使得一个的头成了另一个的帽子。

这两个人是比萨的乌戈利诺伯爵和鲁杰里大主教，其沆瀣一气的故事在前文中提过。他们俩现在紧紧地贴在一起置身于冰湖中，乌戈利诺狠狠地啃着鲁杰里的脑袋。

乌戈利诺没完没了、慢慢悠悠地说着（第三十三章，第四行到第七十五行），四下里鸦雀无声，这毫无声响的气氛比起前一层地狱恶鬼的诅咒声更加瘆人。我们可以听到地牢里儿童的哭声，小安塞尔摩（Anselm）[1]绝望的哀求声，小圭多[2]哭喊着："我的父亲哪，你为什么不帮助我呀？"

> 他就死在那儿了；就像你现在看见我一样，
> 我看见那三个在第五和第六天之间一个一个倒
> 下了……后来饥饿就比悲伤力量更强大。

保罗与弗兰切斯卡、布鲁内托·拉蒂尼、尤利西斯以及乌戈利诺是《地狱篇》中最具有诗意和戏剧化的片段。快要结尾的地方与开头保罗与弗兰切斯卡的故事形

---

① 小安塞尔摩是乌戈利诺的孙子。
② 小圭多是乌戈利诺的儿子。

成反差。开头的那一对恋人因为爱永远相守，结尾处，这两个敌人则因为仇恨永远困在了一起。弗兰切斯卡的故事让但丁感动得昏厥。他对乌戈利诺的倾诉的反应却是冷冰冰的沉默，只有在说起比萨城的时候，但丁才表达了一番愤怒之情，恨不得阿尔诺河能淹没比萨。那个小孩儿的悲惨命运或许会引发但丁的怜悯，但是乌戈利诺和鲁杰里一样，对但丁来说都是不可救药的叛徒。

但丁和维吉尔游历到了最后一幕。但丁看到很多置身寒冰中的叛徒：

> 有的躺着，有的头朝上，有的脚朝上直立着，有的身子弯曲得脸都够着了脚，像一张弓似的。

他们见到了悲哀之国的皇帝撒旦（Satan），“他原先那样美，如同现在这样丑”。带光的卢奇菲罗（Lucifer）腰以下都冻在冰里，他硕大无比的身躯让周围的巨人也显得十分渺小。

撒旦有三副面孔，眼泪扑簌簌地从三双眼睛里掉下。一张嘴叼着人类的叛徒加略人犹大（Judas Iscariot），后面的两张嘴分别叼着背叛恺撒大帝的布鲁都（Brutus）和背叛古罗马城的卡修斯（Cassius）。

“夜晚又回来了”，维吉尔发现，已是复活节周六的夜晚。“现在我们该离开了，因为我们全看完了。”但丁从后面抱住维吉尔的脖子，一起走下最后的陡坡。之后，他们“顺着那条隐秘的道路返回光明的世界”。在离开地狱的路上他俩的位置颠倒了过来。现在他们开始往上攀登：

> 他在我前面，我在后面……我们从那儿走出去，重新见到了群星。
>
> （…E quindi uscimmo a riveder le stelle.）

旅程的中途

1310年的夏末到1313年的盛夏期间，尽管但丁正进入《地狱篇》的收尾阶段，他还是被战争与政治事务的无限机会挑起了兴趣。但丁多次造访卡森蒂诺，这一次是作为伯爵圭多·柏蒂弗（Guido da Batifolle）的客人，去往伯爵在波皮的城堡。波皮是一座筑有堡垒的山镇，坐落于山南坡的封闭山谷（今日亦如此）。但丁透过与肩同高的围墙看过去，可以看到正下方的坎帕尔迪诺平原，二十多年前他曾跟随佛罗伦萨的骑兵团在这里获取胜利。现在，历史可能要通过年轻的卢森堡亨利七世，酝酿一场更大的胜利。

皇帝的宝座自从1308年的春天起就虚悬着。当时还多少有权争夺此座的奥地利阿尔贝一世（Albert I）被他来自士瓦本（Swabia）的外甥约翰谋杀。于1305年在阿维尼翁（Avignon）登上法国教皇宝座的克莱芒五世似乎支持亨利补此空缺。亨利三十五六岁，（据编年史家们所说）家境中等，勇敢大胆，慷慨大度，非贪心之徒（用但丁的话来说）。亨利受到教皇的鼓舞，准备在1310年的9月进入意大利。克莱芒五世致信给意大利的领袖和所有的公民，要求他们礼遇并服从这位新的领袖，宣布亨利将是和平的缔造者。

以相似的基调，但丁也在1310年9月于卡森蒂诺写了一封欢欣不已的致意大利诸侯和人民书。用但丁的话来说，这封信的发出者是“意大利的但丁·阿利吉耶里，佛罗伦萨人，与他的荒漠反其道而行的流亡者”。信中向所有人预言，“我们长年累月的灾难”终于可以告一段落，我们企盼已久的喜悦将至，当我们看到“热爱和平的巨人站起，公平……将重新复兴”。但丁辞藻堆叠地咏叹道：“啊，意大利，从今以后庆幸吧……你的新郎，人间的慰藉，百姓的荣耀，那最仁慈宽厚的亨利，封为神明的奥古斯都和恺撒，正朝新娘急奔而来。”

此信发出后一个月，也就是10月，亨利从北边进入意大利。1311年的1月，亨利在米兰被加冕为伦巴第（Lombardy）的皇帝，但丁也参加了加冕典礼。然而亨利犯了一个战术上的错误，他委任了一个吉伯林派作为他的总督（皇家代表）。此举立即惹恼了佛罗伦萨的黑贵尔弗派，他们不承认亨利的皇位，并拒绝见他。亨利也不想再做任何回应激怒佛罗伦萨人。但丁如坐针毡，向两边分别写了一封公开信：于1311年3月31日向佛罗伦萨人上书，于同年4月16日向亨利上书。

两封信都在卡森蒂诺写成，但丁参加完亨利在米兰的加冕典礼后返回了卡森蒂诺。但丁现在是班迪诺（Bandino）伯爵的贵宾，如但丁给亨利的信所描述，伯爵的城堡炮塔高筑，耸立在山谷北坡遥远的高处，“在阿尔诺河河源的下方”。阿尔诺河就源自法尔泰罗纳山（Monte Falterona）更高处，但丁不久后将在《炼狱篇》中如此描述。

但丁对他同乡的语气也毫无客气妥协之意。“穷凶极恶的佛罗伦萨人”是但丁开篇对他们的称呼。但丁痛斥他们同时僭越了人法与神法。他认为亨利七世是意大利和欧洲名副其实的神圣罗马帝国皇帝，佛罗伦萨人不为他打开城门简直是愚蠢之举。佛罗伦萨的领袖完全不明白，这位“胜利的亨利”并不追求一己私欲而是关心更多人的福祉。倘若佛罗伦萨人继续固执己见，亨利将会攻入并摧毁这个城市，甚至新的环形墙也会坍塌——“你们将会悽悽然地望着它们倒塌。”

对于“神圣而胜利的亨利”，但丁也言辞急切：马上攻打佛罗伦萨。佛罗伦萨是统领意大利的真正阻碍；皇帝真正的敌人“不啜饮奔流的波（Po）河水或台伯（Tiber）河水，他的下巴却染污了阿尔诺河的急流”。但丁总结说：“来吧，早就该来的驱逐。”然后，他引用《圣经》中的典故说:“杀死那个歌利亚人……以色列将被拯救。”[①]

这可能是条明智的建议，尽管我们不知道亨利七世是不是确实看过这封洋洋洒洒的上书。无论如何，他还是没有对佛罗伦萨轻举妄动。亨利七世 1311 年夏天和初秋的大部分时间都耗在了对布雷西亚低迷的围攻上。布雷西亚位于米兰以东五十多英里的伦巴第战区。1312 年年初，亨利正式宣布佛罗伦萨为帝国的反叛者。6 月末，亨利终于在罗马被加冕为神圣罗马帝国的皇帝，仪式并不够名正言顺：他不是照常理在圣彼得（St. Peter's）大教堂由教皇加冕的（教皇此时在阿维尼翁被掳走），而是在圣约翰拉特兰（St. John Lateran）教堂被一个来自普拉托的枢机主教加冕。

1313 年的春天，亨利搬去了托斯卡纳，貌似在准备攻打佛罗伦萨。但是亨利的志向似有挫减，尤其在其妻前一年秋天去世之后。亨利的妻子是来自布拉班特（Brabant）的玛格丽特（但丁曾与这位聪明气盛的女士有书信往来）。亨利将他的人马调回比萨地区，接着南下至锡耶纳。他在那里患了疟疾，于 1313 年 8 月 24 日去世。

---

① 歌利亚是非利士人的勇士，曾与年轻的大卫，即未来的以色列国王战斗，见《旧约 · 撒母耳记上》第十七章。

但丁认为，皇帝对托斯卡纳的占领迫在眉睫。就在这段时间，但丁写了一部政治哲学的专著《论世界帝国》。他从1308年开始下笔，当时卢森堡的亨利刚刚崭露头角，可能成为万众拥护的新皇帝。但丁的政治热忱再次燃起。但是这部关于统治者的拉丁文专著并没有让但丁从他正在进行的诗歌创作中分心。从响应时势的层面和个人的层面来说，这部专著讨论了但丁的诗篇《神曲》在怎样的政治环境中才能最顺利地推行。

《论世界帝国》三卷书第一卷的核心是几个相互关联的观点：其一，只有在“和平的安宁中”，才得以保有“人类的苗裔”，每个个体才能在其中“自由自在地各尽其能”；其二，普世的和平是人类最崇高的目标，只有通过一个统领世界的帝国才能达到；其三，这种普世的和平只能通过单一的一个帝王或者皇帝获得。“各尽其能”对于但丁来说，指的是《神曲》的创作：在理想的情况下，只有一个统领世界的帝国或皇帝才能够为普世的和平创造适宜的条件。

我们可以看出，《地狱篇》的大部分都是但丁在辗转或奔逃的路上写成的，很多时候饥贫交迫。但在但丁的构想里，一个普世安宁的纪元将要到来，包括他自己在内的所有人都会各尽其能地迎接新纪元的到来。

《论世界帝国》也基于这样一个定论，即受到良好教育的人有义务为迫切的政治难题发声。这一观点也在《论世界帝国》的第一卷中被阐明，但丁认为，那些享有“公共教育”的人——对但丁来说，此种学习主要指亚里士多德的《政治学》——倘若不去寻求“为大众谋福祉”就是失职。但丁在这里探讨的问题正是我们今天所谓的知识分子的公共责任。但丁对此感触良多，没有人能比他更令人信服地阐述这个观点了。但丁对“无法施展的才华”感到扼腕叹息，他表达了“为大众的利益”发声的强烈欲望，并希望在这部专著中“阐述无人阐述过的真理”。但丁说，知识分子们思考无须行动的问题，比如数学和神学问题，这很好，“但是有些事情是我们力所能及的，我们不能只想不做”。我们现在面临的问题关乎人类社会的最高形式，因此这“不是关于思考而是关于行动”的问题。

本着这样的精神，但丁以他一贯的百科全书式的写作风格（可以回想《论俗语》中对人类语言的描写），对罗马的历史进行了一览式的概述，借取《埃涅阿斯纪》的内容，又讲述了奥古斯都时代以及基督的复活。但丁以神秘的基调将一个全球的皇帝的伟大形象和其存在的必要性娓娓道来。在第三卷中，但丁转向在这种全球格局下的教皇权威，指出教皇的权威应该被限制在精神活动的范畴内而不应涉入世俗事务。文中引用了基督在彼拉多（Pilate）面前宣言的一幕："我的国不属这世界。"①

离亨利七世去世不到一年时，但丁返回了维罗纳，在那里差不多持续地从 1312 年下半年待到 1318 年年中，是他流亡途中逗留最久的地方。我们有的关于但丁样貌的第一次口头描述正是他在这个时期的样子，是由薄伽丘面访很多和但丁有过交集的人后得到的。诗人但丁这时大约五十岁，中等身高，略有驼背。他的脸庞狭长，鹰钩鼻，大眼睛，下巴宽大，下唇突出。他的肤色黝黑，毛发浓密、黑而卷曲。但丁在很多年前就留起了胡须。他的步态严肃而凝重，脸上总是带着忧郁和沉思的神情。无论在何种场合与何种人相遇，他都彬彬有礼。

但丁在维罗纳广为人知。据薄伽丘说，有一天，但丁从一群维罗纳的妇女面前走过。妇女们被但丁的外表

① 《新约·约翰福音》第十八章第三十六节，彼拉多是罗马的行政长官，耶稣被钉十字架前曾在彼拉多面前受审。

震慑住。他愁眉不展的样子仿佛被煤灰弄脏了一般，他的胡须竖立好像着了火苗。这群妇女觉得他看起来就像从他的作品《地狱篇》中走出来的人物。

我们从其他出处得知，她们这种印象和反应说明但丁的《地狱篇》在1315年已经广为人知。我们所知的第一次对《神曲》的引用来自托斯卡纳诗人弗朗切斯科·巴贝里诺（Francesco da Barberino）。1313年到1314年期间，弗朗切斯科评论他自己的一首情诗时，引用了《地狱篇》中的一个典故。

正是在维罗纳的那些年，但丁修改《地狱篇》，创作并修改《炼狱篇》，同时看到自己这两部作品副本的流传。但丁《天堂篇》的创作也有很大的进展。他惊人的创作力一部分归因于他在维罗纳的生活状况，是《论世界帝国》中畅想的理想统治下的安宁盛世的一个小范本。这期间但丁都在坎格兰德·斯卡拉的居所受到礼遇，过着舒适的生活。

但丁上次见到坎格兰德的时候，坎格兰德还是个十四岁的小伙子，1315年的时候他已经二十四岁了，兼为皇帝的总督和维罗纳的封建主。他和他的兄弟阿尔博伊诺共同担任这两个职位，直到阿尔博伊诺于1311年11

月去世为止。但丁不久就发现了他的庇护主身上的品质，心生钦佩，通过《天国篇》中卡洽圭达之口对坎格兰德大为称颂：不为钱财的英雄气概，面对棘手问题的处事能力，宽广慷慨的心胸就连敌人也不得不赞叹。在《地狱篇》的开头，维吉尔预示一条猎犬的出现，通过扫除失和的局面，为意大利缔造和平与和谐，但丁微妙地借用了“卡内”（Cane，狗）这个名字，暗指这位维罗纳人。豹子、狮子和母狼则象征着这种失和的局面。

我们所知道的坎格兰德身材高大，极其英俊，拥有战士的气概，通常是态度宽和的，尽管有时也可能急躁固执。维拉尼称他为伦巴第史上最富有、最有权威的领袖。薄伽丘认为坎格兰德庄严的仪表仅次于腓特烈二世。这些赞誉之辞以及很多其他的例子说明，坎格兰德是位功绩显赫的总督，将布雷西亚从贵尔弗派手中夺回交由皇帝操控（亨利七世从未做到过），从帕杜阿贵尔弗派手中救下维琴察（Vicenza），并与帕杜阿谈和。在坎格兰德的领导下，意大利中北部的三个城市形成了强有力的帝国联盟——维罗纳、帕杜阿和维琴察。

然而对于但丁来说，坎格兰德同时也是艺术的赞助人和无与伦比的庇护者，是十分值得敬重的。但丁在从拉韦纳写给坎格兰德的信中回忆，当他刚到维罗纳的时候，就见识了坎格兰德的“光彩”，“享有您的慷慨”。但丁同其他客人一样在斯卡利杰里宫（Scaligeri palazzo）拥有自己的居室。出于对但丁的敬意，房间的墙上绘有缪斯的形象（为来访的士兵绘有胜利的形象，为传道人绘的是天国的符号意象）。招待但丁的是精美的食物，还有音乐家和戏法师的娱乐助兴。但丁有一次被邀请与坎格兰德家族共同进餐，这是对但丁的一种认可与表彰。但丁告诉维罗纳的副主教领主，如此体面的招待不胜枚举，尽管这种说法可能有所夸张。用诗人但丁的话来形容，“我成了你最谦恭的侍者和朋友”。

斯卡利杰里宫是一座高大坚固又低调的建筑，它占据了今日西格诺里广场（Piazza dei Signori）的大部分区域。如今那里有一座但丁的雕像（从1865年起就立在那里），笔直地挺立着，但丁手托下巴，头微微倚向那一排他曾常常从中望出去的窗户。宽广湍急的阿迪杰（Adige）河就在不远处流淌，一条狭窄的小路通往布满购物摊位的百草广场（Piazza delle Erbe），颇像但丁在佛罗伦萨家附近的旧市场。但丁不禁被这些城市元素（比如竞技场）深深吸引。尽管但丁盛赞坎格兰德为“显赫胜利的领主、神圣罗马帝国的副主教”，他却很少在诗歌和散文中描写或暗示过维罗纳这座城市。

但丁书中提起过阿迪杰河（《地狱篇》第十二章），但仅仅是在北部往特兰托（Trento）方向的一小部分。但丁想必一定观看过以绿布作为锦标的四旬斋年度越野赛跑，他用比喻性的描写将布鲁内托·拉蒂尼说成是获得了绿布的优胜者。然而但丁从没写过圣泽诺（San Zeno）的教堂和修道院。圣泽诺是维罗纳的守护神，它的教堂和修道院布满伦巴第式的装饰，它的门廊上立满了情景各异的雕塑，这些雕塑所捕捉的情景大大激发了但丁，狄奥多里克（Theodoric）大帝骑着马疯狂地奔向魔鬼的雕塑就是其中之一。

但丁对意大利历史中多彩的抑或褪色的边角遗事津津乐道，他确实在《炼狱篇》的第十八章中介绍了圣泽诺 12 世纪的修道院院长、当时的修道院院长和发生在斯卡拉家族的一桩小丑闻。盖拉尔多（Gherado）在绰号“巴巴洛萨”的腓特烈一世在位时，担任修道院院长，死于 1187 年。他出现在炼狱里的第四平台，位于怠惰者的灵魂之列，自我陈诉道：

我生前是维罗纳圣泽诺修道院院长，在英勇的巴巴洛萨统治下，如今米兰人谈到他时，还很痛心。

这位院长还暗指“有一个现在一只脚已经在墓穴里的人”，这个人就是死于1301年的阿尔贝托·德拉·斯卡拉。院长盖拉尔多说，这个人将要为圣泽诺而哀恸：

因为他把他那个肢体不全、心肠更坏还是私生的儿子放在那里代替合法的牧师。

的确，阿尔贝托让他心智可能有缺陷的、跛足的私生子朱塞佩（Giuseppe）担任了修道院院长，从1291年一直到1314年。

毋庸置疑，但丁见过朱塞佩，而且因为朱塞佩也算是坎格兰德最小的弟弟，但丁想必对他也有所尊重。但是在诗歌中但丁对他的追想是冷冰冰的蔑视。

这里再重复一下，《炼狱篇》是在维罗纳写成的，在但丁1319年离开维罗纳去往拉韦纳之前就已经流传开来。

作品开头就引人入胜。“我的天才的小船……现在要扬帆向比较平静的水上航行”,《炼狱篇》就此开始，但丁准备（他告诉我们）歌唱“人的灵魂在那里消罪，使自己得以升天的第二个王国”。

炼狱中的游历充满险阻，但是开篇起就有一种焕然一新、充满希望的语调，这可能和作者本人在维罗纳安全舒适的生活有关。曼弗雷迪所表达的正是这种感觉。曼弗雷迪是在1266年贝内文托之战中吉伯林派的战败者。炼狱的新旅程伊始，但丁就在一个叫作炼狱外围的地方与他相遇。曼弗雷迪头发金黄，样貌高贵。但丁注意到他的一道眉毛只剩了半截，曼弗雷迪解释说，他在贝内文托之战中被剑刺中，但在奄奄一息的时候忏悔了自己的罪过。他已被教皇逐出教会。但是即便是教皇的诅咒也不能让他永远受罪，也意味着“只要希望还有一丝绿意……永恒之爱不能复得”。最后那句“希望还有一丝绿意”，被罗伯特·潘·沃伦（Robert Penn Warren）用作他小说《国王的全班人马》（*All the King's Men*）的题词。沃伦的这本小说就是以但丁思想为主线贯穿始终的。

对炼狱外围的描写占了《炼狱篇》的前九章，这里是那些等待升入炼狱山的灵魂暂时停留的地方。但是在炼狱这第二个世界中，“暂时”是相对的说法。曼弗雷迪要在这里等待的时间是他寿命的三十倍——超过了一千年。另一方面，但丁不久后惊喜地遇到了他的老朋友——来自佛罗伦萨的音乐家卡塞拉（Casella）。卡塞拉身处一群灵魂之间，这些灵魂有一百多个，都是刚去世不久的，还没有被由天使引导的船送往炼狱山。

为抚慰接下来辛苦攀登的但丁，卡塞拉应但丁的请求，为他歌唱了一首自己谱曲的但丁的雅歌，“Amor che nella mente mia ragiona”（爱在我的心中热烈地和我谈论我的女士）。选唱这首歌恰如其分，因为它说的就是，作为人类智慧的哲学可以指导心灵与意志获得神圣的智慧：这是对于炼狱山攀登过程的一个概括，最后以贝雅特丽齐这个神圣智慧的化身为结尾。

在炼狱外围的灵魂大多是忏悔太晚者，他们中有的是因为性格缺陷而迟迟没有归降神恩，有的是因为意外横死。曼弗雷迪属于后者。同样意外横死的还有坎帕尔迪诺之战中的吉伯林派首领布翁孔特·蒙泰费尔特罗，他的身体被冲入了阿尔诺河。布翁孔特话音刚毕，这时幽幽地出现了另一个灵魂，用童稚的口气对诗人但丁说：

我祈祷，等你回到了人间，从长途劳顿中休息过来时，请想到我，我就是那个皮娅；锡耶纳造的我，玛雷玛毁的我。

Son la Pia（我就是那个皮娅）。意大利哲学家贝奈代托·克罗切（Benedetto Croce）说，这位年轻女性用原托斯卡纳方言说出的话是“如此的精致，仿佛是轻叹出来而不是歌唱出来的，一吞一吐说出她那可怜又温柔的名字，仿佛音乐一般”。下面让我们听听她的原话：

Deh, quando tu sarai tornato al mondo,
e riposato de la lunga via...
ricorditi di me, che son la Pia;
Siena mi fé, disfecimi Maremma

皮娅·托洛梅伊嫁给了锡耶纳的一个领主，后被丈夫关在了玛雷玛的城堡中。玛雷玛是锡耶纳南部一个忧郁的海滨地区。之后皮娅的丈夫谋杀了她，原因可能是丈夫想要另娶别人。皮娅是典型的妻子受害者形象。伊迪丝·华顿（Edith Wharton）[1]在回复一位嘲笑那些抱怨婚姻的女性的年轻英国人的信中，列举了皮娅·托洛梅伊，还有伊索尔德（Iseult），弗兰切斯卡·里米尼，以及安娜·卡列尼娜，称她们是“对丈夫不满的女人”，然而她们的不满是有合理原因的。

过了一会儿，但丁和维吉尔这两位朝圣者看到一个双眼怔怔，独坐在那里的灵魂。这个人正是曼图亚的诗人索尔戴罗（Sordello），他看到同样来自曼图亚的诗人维吉尔后欣喜若狂。索尔戴罗（他在1269年后的某个时候去世）的大部分人生都在普罗旺斯度过，他曾在那儿写下一首令人赞叹不已的诗，是关于一位普罗旺斯男爵的。这首诗谴责了法国领袖们的怯懦可憎，想起此事，但丁不由得指斥起意大利战争的始作俑者们。[这里提一点文学上的传承：1840年，罗伯特·勃朗宁（Robert Browning）[2]以索尔戴罗为题写了一首长篇叙事诗，此诗错综复杂，但是满怀激昂之情地描述了索尔戴罗和他所处

① 伊迪丝·华顿（1862－1937），美国女诗人。主要作品有《高尚的嗜好》《纯真年代》等。

② 罗伯特·勃朗宁（1812－1889），英国诗人，剧作家。主要作品有《戏剧抒情诗》《环与书》、诗剧《巴拉塞尔士》。

的战乱时代。] 索尔戴罗将这两位朝圣者带到一个小山谷，那里都是迟迟才忏悔的灵魂，包括之前的敌人——法国和英格兰的国王，他们现在若有所思地躺在那儿齐声歌唱着。

但丁碰到了他来自比萨的朋友尼诺·维斯孔蒂，后者曾被他叔叔出卖。之后但丁因所见所闻而疲劳不堪，睡了过去。他被维吉尔的声音弄醒，“不要害怕。放心吧……现在你已到达炼狱”。但丁跟着维吉尔登上三级石阶，跪在守门天使面前请求开门。天使用剑在但丁的眉毛上刻了七个字母 P，代表七宗罪，在他们登上炼狱山的过程中这七个字母将逐一被洗掉。接着，天使用从他们的看守人圣彼得那里得来的钥匙打开门，放两位朝圣者进去。

接下来的十七章的攀登过程中，戏剧情节和寓言交叉出现，这两种表现方式互相融合，互相碰撞。寓言性的描写以地上乐园的一场代表神圣启示的壮美盛会达到高潮，涵盖了关于神圣启示的各种出处来源（《旧约》《新约》以及其他）。然而与此同时，两位朝圣者登上七个平台的过程，也是《神曲》的主要情节通过《炼狱篇》展开的过程，这是但丁想象中的自我探索的过程，某种程度上，是他的自我锤炼。从这个角度来讲，《炼狱篇》比

《地狱篇》有更明显的故事性，因为《地狱篇》主要是一个连续不断下降到人类堕落最底层的惊险历程。

例如，在骄傲罪被洗净的炼狱第一平台，但丁作为一个诗人要直面他自身的骄傲。两位朝圣者从山脚下沿着一道十八英尺宽的岩石裂缝向上攀登，到达最低的平台。曾经骄傲的灵魂弯曲脊背承载着石头的重压。其中的一个扭过头来抬眼看到了但丁，但丁发现这个人是古比奥（Gubbio）的奥代里西（Oderisi，死于1288年）。奥代里西是一位手稿解说家以及微型彩饰画家，他宣扬一种文化自豪感，即画家和诗人们依仗于自己卓越的艺术地位的自豪感。谈及契马布埃和乔托（Giotto），奥代里西说：

> Credette Cimabue ne la pittura,
> tener lo campo, ed ora ha Giotto il grido,
> sì che la fama di colui è scura
> （契马布埃自以为在绘画方面擅长，如今乔托成名，使前者的盛名黯然失色。）

除了在政治和文学方面的活动，但丁还热切地关注佛罗伦萨当代美术的成就。奥代里西提到的这两个人但丁都认识：契马布埃（约1250–1302），乔托（1266 — 1337）。但丁在十五岁的时候似乎参加了庆祝契马布埃的作品《圣母像》（*Madonna*）的游行。但丁也同乔托成为好友。乔托本人或他的一个助手将但丁画进了巴杰罗宫小教堂以天国为主题的壁画中。画中的但丁眼神迷蒙，神情细腻敏感。

接着但丁把话题转向了诗歌。奥代里西不无诧异地发现，一个圭多夺走了另一个圭多的荣誉——卡瓦尔坎蒂取代了圭尼泽利——然而，

要把他们俩从巢中赶出去的人或许已经出世。

因此，但丁虽没有指名道姓，但是又一次把自己封为在他的时代里独占鳌头的诗人。但他马上就收敛了自己的骄傲。“啊，人的才力博得的虚荣啊，”奥代里西感叹道（让人想到安迪·沃霍尔[1]对于名声寿命的预测），“你的绿色留在枝头的时间多么短促。”但丁若有所思地听着

① 安迪·沃霍尔（1928 — 1987），美国艺术家、印刷家、电影摄影师，视觉艺术运动、波普艺术最有名的开创者之一。

奥代里西的话，十分真诚地坦白说：“你的至理名言使我心里充满了向善的谦卑情绪，消除了我心中巨大的肿胀。”

维吉尔叫但丁直起身来，可是但丁还在反思自己的自以为是，他的思想仍然“低着头，缩着身子”。但丁看到平台的路上满是远古的骄傲罪人的雕刻，其中包括卢奇菲罗、宁录以及“特洛伊化为灰烬和洞穴”的雕刻。但丁承认自己的骄傲并谦恭地忏悔，这点他明显已经做得足够多了，于是一个天使出现，抹去了但丁眉毛上的第一个字母P。他们在登上第二平台的时候，但丁发现这比登上第一平台的时候轻松得多。这让他联想到从阿尔诺河蜿蜒通往圣米尼亚托老教堂的小路，这条小路林木丛生，充满野趣，是但丁最喜欢的小径之一。

然而诗里的朝圣者但丁还在为他之前展露的虚荣心而惴惴不安。作为诗外的作者本人通过奥代里西之口自夸，想必也多少有些心虚。但丁在登上第二平台与一个忌妒的灵魂对话时，表达了他这样的心情。这些灵魂的眼皮被铁丝缝上了，因此他们就没法再酸溜溜地睥睨他人的美貌或成就。他们被浓雾笼罩，肩靠肩倚着彼此，为了舒服一点儿，也为了有个陪伴。但丁被眼前的景象震惊了，但是想到，忌妒从来都不是他的性格缺陷中最严重的。他向一位高贵的锡耶纳女士萨庇娅（Sapia，她的罪过是在锡耶纳被佛罗伦萨打败的时候幸灾乐祸，但是她后来为旅途困乏的旅者找到住处）诉说了此意。“我的眼睛有朝一日也要在这里失明，”但丁对她说，“但为时很短，因为我由于用忌妒的眼光看别人而犯的罪是很小的。”他接着说：

> 我更害怕的是受下面那一层的刑罚，这使我如此提心吊胆，简直觉得下面那种负重已经压在我身上。

但丁打听这群忌妒者中有没有意大利人，萨庇娅回答他说，炼狱里的灵魂不再按照他们的国家或者城邦划分，而是属于同一个真正的城市。然而但丁可能原本要问的是，这里有没有人曾是意大利的朝圣者或者旅居者？对这个问题的回答，隐含在接下来第十四章的一个令人惊心的片段中。在第十四章中，但丁借由来自福尔里及其周边的两个灵魂的帮助，追溯阿尔诺河的流域，将其比喻成向野蛮与仇恨的低处流淌的过程，使得所有向善的人都几乎成了朝圣者。

圭多·杜卡（Guido del Duca）和里涅里·卡尔博利（Rinieri da Calboli）互相依偎地听着但丁和萨庇娅的对话。他们俩中的一个问但丁来自何处。但丁回答说：

> 一条发源于法尔特罗纳（Falterona）的小
> 河流过托斯卡纳中部，全城百里仍不使它满足。
> 我从这条河上带来这肉体。

“你所说的就是阿尔诺河。”圭多回复说。里涅里惊奇为什么但丁如此忌讳说出河流的名字，仿佛这是多么骇人听闻的事情似的。圭多告诉但丁，这条河流的名字活该消灭，“因为从它的发源地……所有的人把美德视为仇敌”。接着圭多追溯了它丑恶的流域。

正如但丁提到的，阿尔诺河发源于卡森蒂诺的法尔特罗纳山上，先向有脏猪的地方流去：“脏猪”（brutti porci），但丁如是形容卡森蒂诺的居民，尽管其中的一些在但丁偶尔拜访时热情地招待过他。“然后，”圭多继续说，“向低处流过来，发现一群不自量力、狺狺狂吠的恶狗。”这里的恶狗指的是阿雷佐的居民，阿尔诺河急剧地向南流转到这里。“它继续往下流，”我们听着圭多说，

直到阿尔诺河流往“狗逐渐变成狼”的地方，佛罗伦萨。“这条被诅咒的、不幸的壕沟”已经沿途向下穿过了很多深邃的峡谷，

> 发现那些狐狸如此诡计多端，根本不怕用
> 什么圈套捕捉它们。

诡计多端的狐狸指的是包括乌戈利诺之流在内的比萨人。

这是对托斯卡纳区及其居民的一次无情的抨击，一场全面的控诉，也是但丁这个流亡者的愤怒之歌。尽管阿尔诺河实际上蜿蜒曲折——一会儿朝南，一会儿朝西，一会儿往北，接着又往西——但在诗歌的描述中，它是平稳地往低处流去的［约翰·辛克莱（John D. Sinclair）指出了这一点］，尽管最后流向了地狱的深处。

第三平台上的是愤怒者所在的地方，光线刺眼——这里的幽魂身处浓雾之中——使人目眩得视力受伤。但丁随即看见：

> 一群怒火中烧的人打死一个青年，他们不断地互相大声喊道："打死，打死！"

我们今天可称之为仇恨犯罪（hate crime）的行为使但丁苦苦思索其罪因：这种罪恶到底是源于人类灵魂自身，还是被外界力量激起的。但丁向威尼斯的朝臣马可·隆巴尔多（Marco Lombardo）问起这个问题，马可在浓雾之中回答了但丁。"你们活着的人们，"他说，"总把一切事情发生的原因只归之于天，仿佛诸天运转必然带动一切。"然而人类被赋予自由的意志和分辨善恶的灵光。"自由意志……若是有良好的修养，最后就能战胜一切。"这段话预示了卡修斯在《恺撒大帝》（*Julius Caesar*）中对布鲁都说的那段名言：

> 人类有时是其命运的主人。
> 敬爱的布鲁都，错误并不在我们的群星中，
> 而在我们自身，因为我们是低一级的。

《炼狱篇》中再没有比这更紧要的主题了。但丁一次次地回到这样的主题：人类可以选择从善或作恶；人类的

行为并不是命中注定的，人类也不是恶劣环境的受害者。人被赋予了自由意志；相似地，尽管人类的救赎一定要通过神圣的指引与帮助，但是人类可以主动自由地参与到这个过程中来。但丁通过马可之口表达了他的一个原则，即个人一定要通过加入良好的社会才能拥有真正美好的生活，为此人们需要拥有一套法律系统以及可以制定、执行法律的统治者。

一个天使用翅膀从但丁的额头抹去了又一个字母P后，但丁和维吉尔这两个朝圣者到了第四平台。维吉尔继续他们刚才的讨论。维吉尔告诉他的同行者但丁，爱是人类意志的促因。爱是一切美德和一切应受惩罚的行为的种子。这段说教颇合时宜，因为他们俩现在到达了怠惰者所在的第四平台：那些在生前犯了爱善缺乏罪的人（lento amore，用维吉尔的话来说），他们的爱是迟缓的。这群怠惰者的灵魂毫不停歇地匆忙往前跑，时不时喊出几个拥有勤快美德的榜样的名字："马利亚赶紧跑到山地里去"（在天使报喜之后[①]），"恺撒……打击了马赛

① 天使报喜（Annunciation）指天使加百利向圣母马利亚告知她将受圣灵感孕而生下圣子即耶稣，出自《新约·路加福音》第一章第三十八节："那时候马利亚起身，急忙往山地去，来到犹大的一座城。"

（Marseilles），随后就跑到了西班牙……赶快！赶快！”其中飞奔而过的一个就是我们之前提过的维罗纳的圣泽诺修道院院长[①]。

再往山上高一些的第五平台是贪财者所在的地方。他们的手脚被束缚住，脸朝下一动不动地躺在地上。随着一级一级登高，但丁在维吉尔的指点下慢慢察觉到，罪人们有两种洗净罪恶的方式。有一些罪人重蹈覆辙，继续犯着人间的罪，比如那些易怒者就叫嚣着要杀人。另外一些人要经历自己之前的罪恶的反面：懒惰者疯狂地跑个不停，骄傲者背负着重石因而变得谦卑。贪财者的眼睛被黏在地上不能仰视，这是因为他们生前就只低头看着地上的财富［教皇阿德利亚诺五世（Pope Adrian V）就是其中之一］，只关心物质上的东西。

两位旅者在贪财者（第二十章）中看到了休·卡佩（Hugh Capet），他在987年到996年期间为法国的国王。休·卡佩愤愤地对两个旅者来了一番关于法国君主的长篇大论，这番话充分表现了但丁对于这个种族的不信任。休·卡佩的话尾处称腓力四世为“新彼拉多”，因为他预

---

① 指本章前文提到的盖拉尔多。

见了腓力四世将在阿南尼迫害卜尼法斯。此处还列举了其他贪得无厌的人，比如弥达斯（Midas）[①]。但是突然间整座山仿佛地震一般晃动起来，传来一团合唱的声音："在至高之处荣耀归于上帝。"

当但丁从恐慌之中缓过神来的时候，他意识到地震表明一个灵魂已经从炼狱的惩罚中解脱出来，获得自由，可以升向天堂。整座山都回荡着赞美的歌声。这个获得解脱的灵魂原来是死于公元96年的古罗马诗人斯塔提乌斯（Statius），他是著名史诗《忒拜战纪》（*Thebaid*）的作者。这首史诗描写了俄狄浦斯（Oedipus）的两个儿子厄忒俄克勒斯（Eteocles）和波吕尼刻斯（Polynices）之间的仇恨斗争，以及波吕尼刻斯企图从他哥哥那里夺取底比斯（Theban）王位失败的故事（整个事件的灾难般的后果被索福克勒斯虚构化，写在了《安提戈涅》里）。但丁对《忒拜战纪》评价很高，尽管它对今天的读者来说晦涩难读。但是实际上斯塔提乌斯在《炼狱篇》中几乎是

① 弥达斯是希腊神话中的佛律癸亚国王。一次，酒神狄奥尼索斯为了报答弥达斯，答应给他任何想要的东西。弥达斯如愿以偿得到点石成金之术，但后来连他碰到的饮食之物都变成了黄金。弥达斯因贪得无厌的要求而陷入生活的绝境。

一个虚构的人物，是书中戏剧性情节和历史性格局必不可少的枢纽点。

首先，斯塔提乌斯是维吉尔狂热的信徒。斯塔提乌斯这样复述他的诗歌写作生涯："《埃涅阿斯纪》，在作诗上，他对我来说是妈妈又是乳母。"听到这里，维吉尔看了但丁一眼，然后说："别说话。"但是但丁忍不住笑了。当斯塔提乌斯问但丁为何笑的时候，但丁征得维吉尔的同意后，说出了真相。在他们面前的"就是令你获得歌咏人和诸神的灵感的那位维吉尔"。听到这里，斯塔提乌斯已经俯身去抱住了大师的脚。

然而斯塔提乌斯在晚年皈依了基督教，至少从但丁富有想象力的叙述中看是这样的。斯塔提乌斯把这归因于维吉尔的影响。"由于你，我成了诗人，"斯塔提乌斯告诉维吉尔说，"由于你，我成了基督教徒。"后者指的是维吉尔写于公元前40年的《第四首牧歌》(*Fourth Eclogue*)。这部作品用流畅的比喻预示了一个黄金时代的回归，一个新生子将会统治世界带来和平。诗人但丁在这里表现了一个流传已久的中世纪观念，也是维吉尔通过神启预测的，即基督的降临和基督教时代的到来。

斯塔提乌斯因此成为一个不可或缺的联结人，他指引但丁经历死后的世界并追溯历史文化的进程：他在异教徒大师维吉尔和基督教人物贝雅特丽齐之间起到了承上启下的作用。斯塔提乌斯也询问起其他经典作家和人物的命运：荷马、安提戈涅、卡图卢斯（Catullus）、泰伦斯（Terence）等等。维吉尔告诉斯塔提乌斯，这些人以及其他经典的人物和他自己一样在林勃，“在幽冥地狱的第一层”。

倘若我们接受斯塔提乌斯的算法的话，他在林勃里待了七百年。紧接着，他在炼狱山的第五平台待了“五百多年”[①]，因为他的挥霍浪费罪，也就是与贪财罪相伴而来的罪，而被拉扯着面朝下。《炼狱篇》的主题结构发展至此，古典世界和基督世界在但丁的构想中也互相平衡，交融在了一起。

现在从第五平台登上第六平台的旅者增加到三位了。当他们正在赶路的时候，但丁瞥到一群幽魂，他们眼窝深陷，脸色憔悴，形销骨立。他们犯的是贪食罪，就如犯了怠惰罪一样，他们要经历与其罪过相反的惩罚。但

① 田德望《神曲》译本原文为“几千个月”。

丁听到了一个熟悉的声音，勉强认出了这个人。这人正是但丁在佛罗伦萨的老朋友福雷塞·多纳蒂。福雷塞承认他自己生前“贪食过度”，吃喝毫无节制；他现在正在经历惩罚——最极端的饥渴之苦，他管这叫“乐”，因为经历了这种惩罚后就可获得救赎。

在炼狱山看到福雷塞，而且他赎罪的过程如此之快，让但丁吃惊不已，这仅仅是在福雷塞1296年死后“五年时光尚未流转过去”的时间里。在听了斯塔提乌斯为上升而经历百年等待的故事后，但丁向福雷塞吐露，“我原以为我会在下边那个以时间补偿时间的地方遇到你”，位于其他晚忏悔者之中。福雷塞解释说，他的特别豁免多亏了他圣洁的妻子奈拉（Nella）：

> 她以她的决堤的眼泪[1]、她的虔诚的祈祷和
> 叹息从需要在那儿等待的山坡把我拉上来了，
> 还使我免于在其他各层停留。

这段叙述帮助读者厘清了炼狱的时间系统，同时也

① 田德旺的译文为“她以她的痛苦”，译者按照本书原文直译为“她以她的决堤的眼泪”（by her flood of tears）。

是但丁自我重塑的关键性时刻。1284年，当但丁与福雷塞互相交换尖酸讽刺的争斗诗时，但丁将奈拉那一年可怜地咳嗽不止、喷嚏连连归因于福雷塞对她的冷落：

> 并不是因为她血管里虚耗的体液，
> 而是因为她欲壑难填。

现在，为了自我净罪，但丁没有将奈拉说成一个病怏怏的女人，而是把她描绘成一个充满爱心的忠诚的妻子，通过祈祷和哭泣，将她忠诚的丈夫从折磨之苦中解脱了出来。

但丁问起福雷塞的兄弟姐妹。福雷塞回答，妹妹毕卡尔达在天国里，但丁将会在那里遇见她。至于在1300年还活着的哥哥科尔索，福雷塞早就准确地预料到，科尔索会在试图逃避佛罗伦萨的敌人时从马背上掉下来，然后被拖进地狱，“那个罪恶永远不会被洗净的深谷”。在但丁设想的格局中，三位多纳蒂家族的人被各自分配到了死后灵魂可以到达的三个地方。

福雷塞让但丁和维吉尔注意到其他贪食者的幽

魂，其中之一是图尔的教皇马丁四世[1]，他在1281年到1285年之间任教皇，死因是吃了太多捕捞自博尔塞纳（Bolsena）湖并用维尔纳洽（Vernaccia）酒炖的鳗鱼。福雷塞发现，马丁四世的脸庞比其他的忏悔者更加消瘦。还有一个幽魂是来自卢卡的波拿君塔，刚过世不久，向但丁窃窃私语，提到一位依旧年轻的未婚女性，说这位女性会在但丁去卢卡的时候盛情接待他。这里指的似乎是但丁在写此诗的大约六年前去卢卡的事情。波拿君塔出于诗歌素养说出的一番话，又一次展现了《神曲》反复出现的主题，即把但丁定义为抒情诗人。

“告诉我，”波拿君塔乞求但丁，“我在这里是否见到了那位以《懂得爱情的女士们》这首诗开始，创作出新体诗（nove rime）的人。”但丁回复的时候引用了“温柔的新体”的说法，并将自己称为一位抒情诗人：

我是这样一个人，当爱神给予我灵感时，
我就记下来，并且按照他口授给我心中的方式
写出来。

---

① 原文为马丁五世，这里应该指的是马丁四世。

这段三连韵诗以短语“Vo significando”作结，字面意思为“我去意指”（I go signifying）。这个托斯卡纳的习语很符合口头的表达。“意指”这个词在当今的美国黑人文学评论中得到了巧妙的运用。同时第一人称单数vado运用“vo”也格外引人注意，它的动词是“andare”（我去）。现在我们依旧可以听到南托斯卡纳地区的人在讲话时使用“vo”。

这个诗歌的主题又一次在第二十六章中被提起，这一次是借由博洛尼亚的诗人圭多·圭尼泽利之口。这三位旅者这次已经到达第七平台，也是最顶层的平台。斯塔提乌斯在他们登高的途中滔滔不绝地谈论着人类的灵魂如何注入人类的身体，以及死亡后的灵肉分离。这段讲道是必要的，它涉及了之后重要的肉体重生问题，但是这段散文式的讲话充满了浓重的，尤其亚里士多德式的学术气息——在回到我们的诗歌性戏剧主线之前充当了一段思辨的插曲。

第七平台上，烈火熊熊燃烧，那些贪色者的灵魂因为生前被燃烧的欲望吞噬了人生，现在要在烈火中洗去他们的罪恶。但丁听到了一组组反差鲜明的名字被歌唱着：圣母马利亚和黛安娜（Diana，拉丁女神）是圣洁的典范；“所多玛和蛾摩拉”以及“帕西法厄和她的牛”是纵欲的例子。（帕西法厄是克里特岛国王米诺斯的王后。米诺斯现在也身处地狱之中。帕西法厄受了愤怒的海神波塞冬的迫使，爱上了一头公牛并与之交配生下了一个儿子米诺陶。）

但丁向这些幽魂礼貌地致敬，称他们是无论等到何时都“准会获得和平境界的幽魂们”——再一次强调此罪相对较轻，但丁这里也在为他自己情欲上犯过的错开脱。这里有成群的双性恋者，以及很多生理“正常”的幽魂，其中一个开口说话的是圭多·圭尼泽利。圭多一直喊着帕西法厄的名字，并解释说，“我们的罪在于两性的合二为一”，但是因为他们的兽行，他们不得不高呼“像兽一样宣淫的女人”的名字。然后他做了自我介绍：“我是圭多·圭尼泽利，我已经在净罪。”

这句话让读者冷不防吃了一惊，但丁也同样不敢置信。《炼狱篇》中接连出现了很多个引人注意的自报姓名的时刻，其中最感人的是皮娅·托洛梅伊的，而最引人入胜的是圭多·圭尼泽利的。但丁心醉神迷地听着圭尼泽利“自称是我和比我优秀者的父亲”。这次际遇，正如所说的那样，使得但丁回顾起他诗歌写作的前辈，尤其是圭多·圭尼泽利，以及普罗旺斯诗人阿尔诺·达尼埃尔。圭尼泽利称达尼埃尔为“miglior fabbro”［意为“更佳的创造者”或“巧匠”——T. S. 艾略特在把《荒原》献给埃兹拉·庞德（Ezra Pound）①的时候曾引用过这种说法］。倘若但丁在描写他的博洛尼亚前辈时少有地言辞激切，那是因为无论从公共还是私人的角度，圭尼泽利的事业都奇妙地为但丁自己的事业做出了铺垫。

较为年长的圭多·圭尼泽利于13世纪30年代出生在博洛尼亚受人尊敬的普林奇皮（Principi）家族。年轻的时候，圭多在博洛尼亚以诗会友，交换诗文，逐渐完善他自己对情诗、赞美诗和“温柔的心”（cor gentile）的诗歌的立意构想。圭多娶了来自德拉弗拉塔（della Fratta）家族的一位名叫贝亚特里切的年轻貌美的姑娘。除了多产的写作生涯，圭多还登上了公共舞台，于1270年担任了卡斯泰尔弗兰科（Castelfranco）的行政长官。卡斯泰尔弗兰科是位于博洛尼亚东边的一个城镇。然而在1274年，以兰伯尔塔齐（Lambertazzi）家族为首的吉伯林党被驱逐

---

① 埃兹拉·庞德（1885—1972），美国著名诗人、文学家，意象主义诗歌的主要代表人物。

出博洛尼亚，站在兰伯尔塔齐家族一边的圭多·圭尼泽利一家也被迫流亡。圭多·圭尼泽利寄居在维罗纳的阿尔贝托·斯卡拉家。阿尔贝托·斯卡拉是坎格兰德的父亲。圭多·圭尼泽利于1276年去世。

但丁在这种文学背景下写就了作品《新生》。我们还记得，他宣称他暂时不会再书写贝雅特丽齐，除非到了将来的某个时候，他希望“把对其他任何女性都不曾说过的话说给贝雅特丽齐”。他祈祷着他的灵魂可能进入天堂，在那里看到“贝雅特丽齐的荣光”。《炼狱篇》后面直到二十六章的几章对但丁的诗歌写作进行了回顾，有效地为四章后贝雅特丽齐在地上乐园（il paradiso terrestro）的出现做好了铺垫。

三位旅者需要穿过一道火墙才能到达这座神圣的花园。但丁恐慌地畏缩不前，脑海中浮现出火烧人体的画面。维吉尔安抚但丁，鼓励他：“贝雅特丽齐和你之间就只隔这道墙了。”穿过火墙，是通往山顶最后的台阶。三个人一人躺着一级台阶睡着了。但丁醒来之后，跟着维吉尔和斯塔提乌斯登上了顶峰。在这里，维吉尔不得不和但丁告别。他说：“你来到了我靠自身能力不再能辨明道路的地方……不要再期待我说话、示意了。”人类智慧已经不再对但丁有更多裨益；维吉尔代表的古典诗歌，古典和中世纪人文主义传统也不再对但丁有指导作用。现在但丁急需的是基督教的启示和神圣的智慧。

“我不再等待，”但丁回想说，“就离开台地边缘，取路原野……慢慢走去。”走向了人间乐园。维吉尔在和但丁告别时，安心地告诉但丁他的道德意志已经“自由、正直、健全”。但丁这场道德上的自我探索和自我判断的旅程也告一段落。更为令人不安的道德谴责正在花园里等着他。

《炼狱篇》的最后六章描写了地上乐园，这里是炼狱山的顶峰，也是接近天国的地方。但丁一进去，就看到一位女士一边欢快地歌唱一边采集花朵。她是这个地方的精灵玛蒂尔达（Matilda），她的任务是教导但丁天上的气象。比如，近旁的勒特（Lethe）河和欧诺埃（Eunoe）河里的水（可以洗涤记忆）不是来自降雨，而是来自水量视上帝意愿而定的泉水。精灵玛蒂尔达的原型可能基于托斯卡纳的女伯爵玛蒂尔达。女伯爵玛蒂尔达担任她地区的领袖长达五十多年（于1115年去世），是当时政坛最活跃的女性。但是这个历史性人物的身份已经消解，在我们眼前的是位寓言性质的人物，她沿着河岸那样甜美地歌唱着，令但丁欢欣不已。

但丁和他的诗篇也确实进入了寓言性阶段。他的眼前是一场神圣的盛会，画面完全是寓言性质的，代表了神圣启示的全景。它还闪耀着光辉，用现在的说法，就如同电影的画面。但丁绞尽脑汁地去形容它。七盏烛台出现在天空，幻化出彩虹般的条纹，在天空中铺展开；这七盏烛台象征圣灵的七种恩赐——如《新约·启示录》中所说的——智慧、聪明、谋略、能力、知识、虔诚、敬畏上帝。

在这光亮下，有二十四位头上戴着花冠的长者两两并排走着，他们代表着《旧约》的二十四卷（按照但丁的计算）。紧随其后的是四个活物，每一个都有六只翅膀，羽毛上长满了眼睛。但丁就此不再描写眼前的活物。“你去读《以西结书》吧……你在他的书中看到它们是什么样子，它们在这里就是什么样子。”但丁这里暗指《旧约·以西结书》第一章第四节到第十四节里描写的凯旋车和四个活物的预言性的景象。他向读者提出：“我不再浪费诗句……我不能对此多费笔墨。”（这里的活物为一个人、一头狮子、一头牛、一只鹰，分别代表四位传道者马太、马可、路加和约翰。）在这四个活物之间有一辆气派地行进的凯旋车，由一个格里芬（griffin）[①] 拉着：他的双身性代表了基督的神性和人性。凯旋车的右轮旁，三位仙女围成一圈起舞：她们代表了基督教的三超德，即信、望、爱。凯旋车的左轮旁，四位身着紫色的仙女“跳舞作乐”：她们代表了基督教的四枢德，即智、节、义、勇。

整场盛会是但丁对基督教主旨和理想中教会的寓言性愿景。凯旋车象征教会，凯旋车的两个轮子象征行动生活和冥想生活。当凯旋车停下来的时候，蒙福的仙女精灵们就飞到它上方歌唱，散落的花瓣形成了一片彩云，在彩云中：

> 一位圣女出现在我面前，戴着橄榄叶花冠，蒙着白面纱，披着绿斗篷，里面穿着烈火般的红色的长袍。

这位圣女是贝雅特丽齐。贝雅特丽齐的出现让但丁心绪凌乱，正如第一次“当我尚未走出童年时，这种高

---

① 格里芬是狮身鹰头鹰翼的怪兽。

贵的力量就曾刺穿我的心”。但丁转向维吉尔，想要诉说自己的血液如何颤抖，“我知道这是旧时的火焰的征象”。这句话本身出自维吉尔——狄多（Dido）在听到埃涅阿斯关于自己流浪的故事后，对她妹妹说的话。不久之后，天使们齐唱《埃涅阿斯纪》中的一句话：“请给我满捧的鲜花。”这是《埃涅阿斯纪》第六卷结尾时安喀塞斯（Anchises）对埃涅阿斯说的话，也是但丁在这里想要献给维吉尔最后的诗歌赞礼，尽管这位古罗马诗人此时已经离开。但丁不禁为维吉尔的离开而落泪。

这里但丁遇到的贝雅特丽齐是神圣智慧的化身，是开启心智引导人接近上帝的超智。因此，她将作为但丁天国之途的向导和老师。但是她显然也是那个来自佛罗伦萨圣皮耶罗马焦雷分区科尔索大街的贝雅特丽齐·波尔蒂纳里。为了表明此点，贝雅特丽齐毫不留情地斥责但丁。当但丁为维吉尔的离去悲伤哭泣时，贝雅特丽齐说，“但丁”——听到他的名字就像听到一声号角——“且不要哭，因为你将须为其他事哭泣”。但丁盯着贝雅特丽齐，听她说道：“你向这里看！我就是，我就是贝雅特丽齐。”接着贝雅特丽齐冷冰冰地说：“你怎么认为你配来到这山上？”她语调严肃，以至于随行的天使们问道：“圣女呀，你为何这样挫伤他呢？”

贝雅特丽齐从但丁用诗歌追求她说起，一直说到她死后但丁不检点的生活。贝雅特丽齐将他斥责了一番。她说起13世纪80年代的但丁：

> 在他的新生中蕴藏着那样的潜力，使得他的一切良好的志趣一经化为行动，就会产生非凡的成果。

然而但丁虚掷了他的才华。贝雅特丽齐生前始终在激励但丁。她去世之后，但丁却走上了歧途：

> 当我一到人生第二时期的门槛，离开了人世，他就撇开我，倾心于别人。

贝雅特丽齐从肉体升华成精神后，她“对他来说，就不如以前可贵、可喜了”：

> 他把脚步转到不正确的路上，追求福的种种假象……

贝雅特丽齐曾经出现在他梦中，可是也无济于事；他对此无动于衷。贝雅特丽齐是神性的一部分，但是此刻，从某种程度上来说，她也是那个心生妒意的邻家女孩儿。贝雅特丽齐有力地指出，但丁本来罪恶至深已万劫不复，是她亲自来到地狱，乞求维吉尔去引领但丁这个可怜的罪人一路走出幽暗，登上炼狱山的顶峰。她转向但丁，仿佛仍旧对但丁的误入歧途难以置信，她问但丁：

其他的福表面显示出一些什么方便或者利益，使你由不得去追求它们？

但丁一边啜泣一边回答：

您的容颜一隐没，眼前的事物就以它们虚伪的美，把我的脚步引上了歧途。

这是一个长久不衰的借口：你离开了，别的选择摆在眼前。贝雅特丽齐教导但丁如何做出合适的道德选择，看到但丁不敢抬头看她，贝雅特丽齐严厉地训斥道：“抬起你的胡须来看（alza la barba）！你会觉得更加痛心。”但丁承认他“明白她措辞的尖刻意味”，贝雅特丽齐的话是如此的尖刻，仿佛但丁在她面前像一个还没长胡子的学童，是时候该长大了。

一股深深的悔罪之情，致使但丁昏倒在地。这一幕很容易使读者联想到《地狱篇》中但丁被弗兰切斯卡的故事深深攫住的情景。当时那一幕是但丁在道德上自我探究的开端，而现在这一幕意味着探究的结束。

当但丁恢复知觉后，叙述转为了寓言，接下来是关于教会与城邦关系的两个景象。在第一个也就是理想关系的景象中，格里芬充满敬意地将象征教会的凯旋车拉到象征帝国的智慧树下。但丁发现贝雅特丽齐孤身一人坐在凯旋车旁的地上，身边只有她的七位仙女。来自天国的贝雅特丽齐告诉但丁要仔细观察接下来的一幕，等他回到人间的时候要把他的见闻记录下来。

之后又一次出现了动物的景象，这一次是一只鹰、一只狐狸和一条龙，它们纷纷猛击凯旋车，象征持续几个世纪的对教会的抨击。这辆代表教会的凯旋车继而变成一个七头十角的怪兽，上面坐着一个淫荡的娼妇。一个巨人过来亲吻这个淫妇，然后把她拉走了。这一幕象征教会在卜尼法斯八世（“淫妇”）统治下，法国的国王（“巨人”）过来献媚并占有了她。

与此同时，贝雅特丽齐“叹着气，满怀同情”，她美丽的眼睛和面容，用但丁的话来说，彻底满足了他“十年的渴望”。这想象中的1300年，距离贝雅特丽齐去世已经十年了。从某种程度上来说，但丁和贝雅特丽齐是久别重逢。

但丁和斯塔提乌斯喝了欧诺埃河的水，洗去了关于痛苦和恶行的记忆。但丁向读者倾诉道，他可以娓娓地歌唱“这永不能使我喝够的河水”，但是“第二部曲规定的篇幅已经完全写满”。他不能再继续写下去了。《炼狱篇》的结尾尤其突出了但丁的“新生”，用的是与《地狱篇》结尾相同的星星的暗喻：

> 我从最神圣的水波中返回，如同新的树木生出新叶一般得到新生，身心纯洁，准备上升到群星。
>
> （...puro e disposto a salire alle stelle.）

拉韦纳：《神曲》的完成

1315年的春天，当但丁正在维罗纳创作《炼狱篇》时，他收到了来自佛罗伦萨当局扰人心绪的消息。穷凶极恶的托斯卡纳军阀乌古乔内·法焦拉（Uguccione della Faggiola）夺取了卢卡，包围了阿尔诺河上的圣米尼亚托山区，并扬言要立即大规模地进攻佛罗伦萨。心急火燎的佛罗伦萨当局决定将四散在外的吉伯林派和白贵尔弗派流亡者召回城中，以加强防卫力量。流亡者只需交付他们被判处的大笔罚金中的一小部分，在脖子上套上绳索赤脚亲往圣乔瓦尼洗礼堂谦卑地忏悔，他们就可获准还乡，得到赦免。

这项赦免的邀请在5月中旬发出，一个月后，但丁从几个朋友那里得知这个消息。但丁在回信给转达消息的一个朋友（可能是一个修士或是牧师）时，称这项赦免是“荒谬而不明智的”。他贬斥了这种“自我羞辱”的还乡条件，严词拒绝“以囚犯的身份出现在圣坛前”。这样做无异于变相认罪；几年前但丁还微微感到的内疚而今早就消失殆尽。他声称，任何指控他有害于城邦的罪状都是不成立的。“那么，在忍受几乎十五年的流亡后，但丁返回故乡要凭借的就是这样召还流亡者的宽赦法令吗？”倘若他收到的是无损名望、合乎情理的还乡条件，他会“快步”接受它。否则，他宁愿继续待在城外不要回去。

但丁的回信在佛罗伦萨人中传来传去，引起了极大的反响。当时，但丁的《地狱篇》以及《炼狱篇》的大部分已经在民间流传，一些人将他誉为伟大的诗人，甚至说他是意大利最伟大的诗人。当时的文化氛围十分重视诗歌方面的成就，因此他的意见和决策也越来越有影响力。佛罗伦萨当局的怨恨情绪日益加剧。

1315 年 8 月，乌古乔内·法焦拉击败了佛罗伦萨的军队，这是佛罗伦萨 1260 年蒙塔佩蒂之战以来最为严重的一次战败。乌古乔内·法焦拉调动指挥比萨、隆巴尔德的军事力量以及德国的骑兵，导致两千多名佛罗伦萨人阵亡，受伤人数更多。这场交锋发生在距离佛罗伦萨以西不到三十英里的蒙特卡蒂尼（Montecatini）。乌古乔内现在控制了西托斯卡纳的大部分。佛罗伦萨几乎陷入恐慌。但是乌古乔内出乎意料地没有对佛罗伦萨下手。当时发生了一场针对乌古乔内的政治和军事叛乱，他逃到维罗纳去与坎格兰德联合。四年后，乌古乔内在与帕杜阿人的一场小争执中丧命。

残暴无情的佛罗伦萨人在 10 月中旬怒火中烧，下令要将但丁判处死刑并没收他所有的财产。这项命令与1302年对但丁的处刑大体相似，然而不同的是，这次刑罚除了但丁还包括他的三个儿子在内：他们都得“掉脑袋”。

自从但丁流放在外后，他的孩子们就无可避免地生活在危险中。新的法令将对三个儿子同样治罪，说明当时他们最小的也已满十五岁，因为十五岁正是男性接受斩首处罚的合法年纪。1315年，但丁的大儿子乔瓦尼二十八九岁了。乔瓦尼在卢卡避难，当但丁在卢卡逗留的时候，很可能他也在那儿。除此以外，再没有关于他的资料可考。

但丁的二儿子彼得罗是个有前途的年轻人。他追随父亲漂泊流浪，去往维罗纳和拉韦纳，和但丁住在一起。但丁的过世使得加在他们身上的处罚撤销了，彼得罗得以重返佛罗伦萨，照看其家族的财产。

然而彼得罗对维罗纳念念不忘。彼得罗收到坎格兰德的资助，在博洛尼亚学习法律，并获得了法理学的证书。他同时被宣布有权（据说是因为他“坚韧的道德品质”）享有教会的福利。彼得罗在14世纪20年代回到维罗纳，逐渐被人所知，成为受人尊敬的法官和公民。

彼得罗的业绩值得在此回顾一下：他恢复了其家族在佛罗伦萨以外的卡梅拉塔和帕尼奥勒的地产，并享有收到的租金（收到的钱他与雅各布分用）。1353年，彼得罗在加尔尼亚诺（Gargnano）购买了一幢别墅和大片的土地。加尔尼亚诺靠近维罗纳，地处瓦尔波利切拉（Valpolicella）地区的中心（此地当时已经以葡萄酒闻名），置身于阿迪杰河西侧的山丘之中。这片地产在但丁后裔的名下长达两百年，直到1540年年轻的女子吉内芙拉（Ginevra）成为唯一的遗产继承人。1549年，吉内芙拉嫁给了萨瑞格（Serégo）伯爵，通过协议，婚后的新家庭将被叫作萨瑞格·阿利吉耶里。今天的萨瑞格·阿利吉耶里伯爵，即皮埃拉罗利维兹（Pieralivise），拥有温文儒雅、安静尊贵的气度，他游刃有余地管理着葡萄酒产区及住宅区，办事利索又态度友善。

彼得罗·阿利吉耶里偏爱文学。他尝试过写诗但并不太成功。但是多年来，他用拉丁文汇编了一部关于他父亲《神曲》巨著的长篇评论，这篇评论一直以来都是研究但丁和中世纪文学的学者必不可少的资料。

雅各布大概出生于1296年。即便没真的随其父从卢卡和托斯卡纳一路辗转到维罗纳，也至少曾直接搬去维罗纳和但丁一同生活。雅各布同样也从坎格兰德那里得到优厚的资助，进行文学上的学习。雅各布随但丁前往拉韦纳并在那里住了下来。他同样也对《神曲》下了很多功夫，精心创作了一篇关于《地狱篇》之“设计”的文章，探讨《地狱篇》的结构和情节。

但丁唯一的女儿安东尼娅，出生于世纪之交。她似乎随母亲杰玛待在了佛罗伦萨，虽未受到任何干扰和威胁，但是一直生活在贫困当中，直到1318年母女俩去往拉韦纳和但丁团聚。1320年或1321年，安东尼娅在拉韦纳蒙上面纱成为修女，取名修女贝雅特丽齐，旨在纪念但丁在《新生》中歌颂的、又在天国的诗歌中与圣者和天使为伍的那个贝雅特丽齐。修女贝雅特丽齐进入了拉韦纳的圣斯特凡诺德利奥利维（Santo Stefano degli Olivi）修道院。后来直到1371年的一个文件中提到了她，在里面，她被称作“修女贝雅特丽齐，但丁·阿利吉耶里的女儿”。

在1318年的某个时候，但丁决定离开维罗纳，我们可以说，这个决定一部分是出于他永不安于现状的性格，也有一部分是出于他对坎格兰德宫廷生活某些方面的厌恶之情日益增长。他有时不得不去观看庭院里的娱乐表演，看小丑们笨拙地表演千篇一律的把戏，听惹得来访的战士们哄堂大笑的粗鄙笑话。

1318年的春天，但丁收到拉韦纳封建主圭多·波伦塔（Guido Novello da Polenta）的信，信中邀请但丁前去入住。但丁欣然接受了邀请。然而但丁在离开的时候还是对坎格兰德·斯卡拉满怀敬仰和感激。但丁在《天国篇》中也对坎格兰德做出了美好的预言，并在一封歌功颂德的信里将整个诗篇献给他。

对拉韦纳的向往有种种原因。它的南边是海边小镇里米尼。里米尼位于卢比康（Rubicon）河入海口的下头。恺撒大帝曾在公元前49年跨过此河（如但丁所知）。弗兰切斯卡·波伦塔曾在这里居住。她嫁给了里米尼的封建主也就是跛脚的乔瓦尼（Giovanni the Lame），后来连同她的情人保罗一并被丈夫杀死。弗兰切斯卡·里米尼是但丁的新主人圭多·波伦塔的姑母。

拉韦纳这座城市还保留着古老历史和当年盛世的遗风。自从公元前2世纪开始就是古罗马城市，然而直到公元402年，霍诺留斯（Honorius）出于战略考虑将拉韦纳立为罗马帝国的首都后，此城才逐渐走向强盛。霍诺留斯的妹妹加拉·普拉奇达（Galla Placida）在城市中增建了很多金碧辉煌的教堂，拉韦纳也一直以这些装饰华美的教堂而闻名。473年，西罗马帝国灭亡。蛮族的领袖奥多亚塞（Odoacre）就此宣布自己为意大利的国王，选择拉韦纳作为他的首都。然而哥特的日耳曼部落东部分支东哥特（Ostrogoths）国王狄奥多里克（Theodoric）立即向奥多亚塞宣战，经过三年的围攻，麾下三万士兵剿灭了敌方力量，奥多亚塞被杀。狄奥多里克夺得意大利国王的封号，住进了拉韦纳。

但丁依稀记得正是东哥特的领袖不公地囚禁了波埃修并判处他死刑，并且对维罗纳圣泽诺教堂门廊上狄奥多里克大帝疯狂地向地狱骑去的雕塑，但丁很可能会表示认同。而现在，但丁看到了狄奥多里克的不同侧面。狄奥多里克在成为国王的时候刚过四十岁，目不识丁，不通文墨，但是他仅凭才智和干劲就统治了三十多年，以旺盛的精力指挥监管城市中一座又一座华美教堂的修建与装饰，同时还建造了一座由毛石筑成的宫殿和纪念碑，作为他自己死后的安息之地。这些在狄奥多里克的计划监管下建成的华美建筑，呈现出一种浓厚的拜占庭文化与西方文化互相杂糅的风格：新圣阿波利纳雷

（Sant’Apollinare Nuovo）教堂壮丽的镶嵌画中，有一幕想必深深地挑动了但丁的心——二十六位殉道者飘向宝座上的基督，身后跟随着教会的十六位神父。这一盛景与但丁在地上乐园描绘的场景有惊人的相似之处。

在这座城市，但丁私下里也有很多乐事。圭多·波伦塔原来是这位佛罗伦萨诗人忠实的仰慕者。从一开始，但丁就和他建立了亲密诚挚的友情。1316年，圭多的一个叔叔去世，他继而成为拉韦纳的领主。圭多比但丁年轻十岁，曾经犯过些无伤大雅的小过错，但是总体上还是个平和之人。谦虚地说，他是《论世界帝国》中一个重要主题在现实生活中的投影：他致力于维护和平，并将其视为追求文学与艺术的健康人生的必要条件。现在只有他的几首不太起眼的诗歌被留存下来。但他是最早将但丁视为“sommo poeta”（至高无上的诗人）的人之一。从悠久的历史角度来看，圭多·波伦塔最为出名的便是对但丁·阿利吉耶里的悉心优待。

这优待包括在金钱上对但丁儿子彼得罗和雅各布的支援。除了当时可能还在卢卡的乔瓦尼，但丁一家基本团聚了：彼得罗、雅各布、安东尼娅（直到她进入修道院）以及杰玛。但丁在他的写作中对家庭生活缄口不提。《天堂篇》中，但丁通过卡洽圭达之口讲述了他家族的由来，在《新生》中他也兴致勃勃地提起过他的一个妹妹和一个弟弟。一个极端是乌戈利诺吞噬掉自己儿子和孙子的故事。关于阿利吉耶里的直系家属，我们既有的信息（彼得罗汇编的《神曲》评论，安东尼娅采用贝雅特丽齐作为她的教名）表明，但丁的家庭关系是和睦的，但也可能如一些人猜测，家庭成员之间较为疏远。

在拉韦纳，一个文学和知识分子的圈子围绕着但丁建立了起来。它的成员包括几个佛罗伦萨的流放者：有点自命不凡但受到但丁真诚相待的诗人迪诺·佩里尼（Dino Perini）、哲学家兼物理学家费都奇奥·米洛蒂（Fiduccio de' Milotti），还有公证员彼得罗·贾尔迪尼（Pietro Giardini）。但丁可以用托斯卡纳方言与他们谈论他们的故乡，以及有朝一日重返故土的可能。有资料表明，但丁在拉韦纳有过教书的经历，可能是就文学和神学做过一些不算正式的演讲。

但丁当时确实做过一次正式的演讲，内容是论证地球上任何地方的水面是否都不可能高于陆地。这次演讲定在1320年1月20日的维罗纳，但丁回到维罗纳也是为了此事。这是一次罗列事实的枯燥演讲，当但丁以嘲讽的语气提到当地一个因害怕违背当时教会教义而拒绝参加演讲的神职人员时，讲堂的气氛才稍微活络了起来。但丁有一系列关于天文和物理的事实储备，这些都是他在为写《神曲》的学习阶段掌握的。他言之凿凿地论证，地球上任何地方的水都不可能高于陆地。邀请但丁来演讲，这本身也是出于对他的科学专家美誉的敬意。

但丁在拉韦纳逐渐完成了《天国篇》的最后部分。这段时间，他与博洛尼亚的文学教授之间关于拉丁文诗歌和俗语诗歌的交流，是他生活中的又一乐事。这位教授由于对拉丁诗人维吉尔的热爱而被称作乔瓦尼·维尔吉利奥（Giovanni del Virgilio）。他读过《神曲》的《地狱篇》和《炼狱篇》。1319年左右，乔瓦尼·维尔吉利奥寄给但丁一首牧歌，称赞但丁的这部意大利文作品，但又争论说，如此恢宏的题材只有拉丁文才能很好地驾驭。他同时建议了几个可能的题材，尤其引用了乌古乔内·法焦拉的压倒性胜利为例。最后乔瓦尼·维尔吉利奥邀请但丁到博洛尼亚，说在那里会为但丁戴上桂冠。

收到这封邀请信后，但丁格外欣喜，很快就回复了——这是惯常的做法——也是以拉丁文牧歌的形式，与乔瓦尼的原信长度一致。在但丁的诗中，但丁本人以牧羊人提堤俄斯（Tityrus）的形象出现，他年轻的朋友佩里尼化作墨利波俄斯（Meliboeus），圭多·波伦塔成了伊奥拉斯（Iollas）。提堤俄斯礼貌地回绝了去博洛尼亚的邀请，他坚决地认为，若要被加冕桂冠，这个地方非佛罗伦萨莫属。为了让此处化身为摩普索斯（Mopsus）的乔瓦尼接受他的想法，提堤俄斯送给乔瓦尼十杯最好的牛奶——可以推测，这指的是《天堂篇》中的十章。乔瓦尼看过但丁的回复十分欣喜，又以一首牧歌赠答。但丁接下来的回信直到他死后才传到博洛尼亚。

《天国篇》此时已经完成将近一年时间。但丁由贝雅特丽齐引领，历经层层天堂，沐浴在圣光的惠泽中。

《天国篇》中，但丁是飞升而上的，而不是像在《炼狱篇》中那样攀登。但正如他一直强调的，他扶摇直上时犹如箭矢一般。他飞升过低层天——月天、水星天、金星天和日天，紧接着去往高层天——火星天、木星天、土星天，进入恒星天，然后上升到原动天，在那里有了空间和时间的特质，有了“何处”和“何时”的概念，尽管原动天本身是在时间空间的范畴以外的，最后进入净火天（Empyrean），即真正而永恒的三位一体的上帝之所在地，这里还有天使、圣者和蒙天国之福的灵魂们。

如此浩大的叙事对诗人的语言丰富性和想象创造力都是莫大的挑战，但丁可谓旷古一人，正如他自己在一开始所说：

> 我去过接受他（上帝）的光最多的天上，
> 见过一些事物，对这些事物，从那里下来的人
> 既无从也无力进行描述。

尽管如此，无论但丁珍藏在记忆中的那个神圣王国是怎样的，它都“将成为我的诗篇的题材”。这句话合情合理地体现了但丁对他自己身为诗人的自豪感。紧接着，但丁也警告那些想要乘“一叶扁舟”尾随他的人：“回到你们的岸上吧，你们不要冒险进入远海。”

但丁通过与毕卡尔达·多纳蒂的际遇和之后的事情，立即了解到自然的重要秘密以及蒙福者所在的地方。他们在月天相见（但丁和贝雅特丽齐不是走上这些星球而是直接进入其中）。毕卡尔达是但丁的好友福雷塞·多纳

蒂的妹妹，也是那个手腕了得、恶贯满盈的科尔索的妹妹。毕卡尔达已经蒙上修女的面纱，正准备发愿进入修道院时，被科尔索拉回俗世。科尔索当时想要拉拢罗塞利诺·托萨（Rosso della Tosa），便强迫毕卡尔达嫁给了他。（科尔索和罗塞利诺·托萨后来反目成仇，科尔索拼死躲避罗塞利诺党羽的追杀。）毕卡尔达没有在重负累累的尘世停留太久。天国中的毕卡尔达、地狱中的弗兰切斯卡·里米尼和炼狱中的皮娅·托洛梅伊，都是一段糟糕婚姻的受害者。

但丁被毕卡尔达的魅力吸引，但是对于她为什么安于处在天国最底层而感到迷惑不解。但丁问她：

> 但是告诉我，你们这些在此处感到幸福的人，你们想上升到更高的地方，是为了对神观照更深，同神的爱更接近吗？

这是个极具当代性、近乎美国式的问题。“更”（più）这个词在这段三连韵诗中出现了三次——“più alto loco...più vedere...più farvi amici”。但丁以为土生土长的佛罗伦萨人总是对什么都想要更多。但是毕卡尔达解释说，蒙福的本质是无论被置于天国何处，都感到幸福。但丁领悟了这个道理，继而意味深长地说：“那时我才明白天上到处都是天国。”毕卡尔达·多纳蒂接着说出了《天国篇》（第三章，第八十五行）中最优美的一句话：“合乎他的意志是我们的至福所在。”这句话既掳获人心又发人深省——“la sua voluntade è nostra pace”。

与毕卡尔达的际遇引发了但丁的另一个问题，他将这个问题转向了贝雅特丽齐。如果一个人心中良好的誓愿是强烈的，别人对他施加的暴力何以会减少此人在天国的功德？贝雅特丽齐微笑着回答说，这些灵魂出现在这里，并不是因为“这个天体被分配给他们”，而是他们所享的幸福程度的体现。所有蒙福的灵魂都在最后的天体，即净火天，但是在那里，他们“所感受的永恒的气息有的较多有的较少”。

贝雅特丽齐讲述了一段关于自由意志的话，来总结对但丁的这段引导，她说，自由意志是“上帝授予人性的最大的礼物”。接着他们俩毫不费力地进入第二层天，即水星天，在那里有“一千多个发光体直奔我们而来”，但丁发现了他们当中的一个是无比活跃的拜占庭皇帝查士丁尼（Justinian，527—565），他为人类福祉做出的最大贡献就是他编纂详尽的法典。正是查士丁尼的大将贝利撒留（Belisarius）从东哥特狄奥多里克的继任者手中夺取了对意大利的控制。如狄奥多里克一样，查士丁尼让拉韦纳布满纪念碑和镶嵌图案（比如圣维塔教堂美轮美奂的装饰）；而但丁更多的是赞誉他将公正的和平带到帝国的功绩。

整个第六章展现的都是查士丁尼对罗马历史的了若指掌，从恺撒大帝，说到4世纪的君士坦丁大帝，两个世纪之后的查士丁尼本人，以及再两百年之后的查理曼大帝（Charlemagne）。但丁特别提到恺撒从北意大利南下，“从腊万纳（拉韦纳）出动，一跃飞越卢比康河”，与庞培（Pompey）发起了一场内战。

那些迎面而来的发光体闪烁着，载歌载舞，之后就消失不见了。贝雅特丽齐停顿了一下，然后对但丁说：“你要好好听着，因为我的话将赠予你一个伟大的真理。”接着贝雅特丽齐向但丁解释了道成肉身的由来：亚当和人类的堕落，人类许多世纪里“病恹恹地躺在极大谬误的深渊中”直到上帝派他的儿子下凡，通过被钉十字架受难为人类赎罪。这段神学教导发生的情境开始时不是很明确，不过但丁对内容的安排一如既往地令人信服。此时行文已经从查士丁尼的历史性叙述转移到了历史的意义。对于基督徒来说，正是道成肉身的由来赋予历史以意义。

两个旅者现在瞬间被送到了火星。“我没有察觉到我已上升到这颗明星中，”但丁回顾说，“但我的圣女使得我确信自己已经在那里。”他看到发光的火焰围成一圈转动，他惊奇地听到其中的一个唱起了但丁自己雅歌的第一句“Voi che ’ntendendo il terzo ciel movete”（你们以智力推动第三层天者）。这是一句很合时宜的问候，因为但丁已经到达了“terzo ciel”（第三层天）。除此之外，金星是最后一个在地球遮蔽下的星体，也就是说，金星上还是充满了某种缺乏道德责任的灵魂。这群灵魂当中的一些之所以缺乏道德责任是由于他们的淫欲。但丁的诗篇让我们想起他在失去贝雅特丽齐的痛苦和对那个“窗边的女士”（之后这位女士暂时化身为哲学）的迷恋之间的挣扎。这位歌唱但丁雅歌的是查理·马特尔（约1271—1295），他是一个卓越的勇士，但是放纵于淫欲。正如约翰·辛克莱在他以散文形式翻译的《神曲》译本的注释里所说的，马特尔是在对但丁说：“你是我们中的一个。”但丁接受了这样的说法，这两位就此展开关于公民的最高价值的谈话，正如我们上边提到的。

升到日天的过程如此迅速而安静，以至于但丁都没有察觉到。这是但丁对贝雅特丽齐的一个比喻，正是由于贝雅特丽齐“引导我那样迅速地从一重天登上更高的一重天，她的行动简直不占什么时间”。但丁现在到达了上层的星体，这对他诗意描绘能力的要求高到让他无法承受。这位语言大师察觉到，他的文字召唤能力面临极大的挑战。对于日天，“即使我召唤天才、艺术和写作经验来帮助我，我也无法把它描写得那样鲜明，使人们想象出它来”。此刻在更高的天际，语言已经乏力失效了。而且但丁在做着用他自己的话来说，没有任何其他诗人可以做到的事情：他在试图描绘天国的景象、声音和质地。

在这幅天国的景象里，但丁写下了他最为生动的一段。但丁想起他看到了许多充满生气的发光体朝他奔来，围成一圈歌唱，他们“声音的美妙超过了他们的光辉形象的亮度”。当这些“光芒耀眼的太阳这样美妙地歌唱着”绕但丁转了三圈之后，一个声音从中间升起，“我曾是那神圣的羊群中的一只羔羊，这羊群由多明我领到一条路上”。这个灵魂指着他右侧的一位说:“这位……曾是我的兄弟和我的老师，他是科隆（Cologne）的阿尔伯图斯，我是托马斯·阿奎那。”

托马斯在1225年左右出生于距罗马东南方向六十英里的罗卡塞卡（Roccasecca）。他在十八岁加入多明我会，并前往巴黎师从神学家阿尔伯图斯·马格努斯（Albertus Magnus）。阿尔伯图斯向托马斯讲授了最新发现的亚里士多德的伦理学、政治学和形而上学著作。托马斯的哲学和神学著作与亚里士多德一脉相承，它们是中世纪文化中无与伦比的最伟大的神学著作，被称为《神学大全》。托马斯死于1274年。

“托马斯·阿奎那”为但丁的学习提供了最大的灵感源。对于当前而言，抛去其他种种繁复的原因外，最为吸引但丁的是托马斯的基督教人道主义。托马斯的开场白里就暗指“那点燃起真正的爱……的天恩之光”。在这部关于救赎的《天国篇》，也就是但丁《神曲》最后的主题中，托马斯和但丁的观点可以总结如下:“天恩不会毁坏自然，而会使其日臻完美。”神恩激发人心，升华人心，完善人心。中世纪文化中与之相反的观点出自圣奥古斯丁引人入胜的作品，他的作品强调，人类完全无法控制对自己的救赎，实际上，携带所有罪恶的人性要由神恩洗净并被赐予至福。这一观点的当代支持者之一比如T. S. 艾略特，在《圣灰星期三》中告诉读者不要采取任何行动，而是让神恩来做功："教我们关心又教我们不要关心，／教我们坐定。"

但丁的饱学状态又回来了，此时阿奎那指向和他一起的其他神学家的灵魂，特别值得注意的是1世纪的思想家——亚略巴古的丢尼修（Dionysius the Areopagite），以及让但丁为其所受不公待遇而不平的波埃修。身为多明我会士的托马斯接着发表了一连串对方济各会奠基人阿西西的圣方济各的赞誉之辞。托马斯用旧时的浪漫风格，或许还有那么一点儿但丁早期雅歌的风格叙述了年轻的圣方济各的一段轶事。有位妇人"被夺去第一个丈夫后，一千一百多年间[①]，受到轻视，默默无闻"，直到圣方济各发现了她。接着托马斯说出了点睛之句。"这一对情人是方济各和'贫穷'。"讲道和关心安慰穷人成了这个新方济各会的主旨。

对圣方济各接受的圣痕（stigmata），描述是这样的：

---

① "第一个丈夫"指耶稣，耶稣死在十字架上与1182年圣方济各出生相隔了"一千一百多年"。

在台伯河和阿尔诺河之间的巉岩上，他从
基督得到了最后的印记，他的肢体带有这一印
记两年之久。

与此相应的意大利文有一种阴沉的严苛感，刚好与主题契合：

nel crudo sasso intra Tevere e Arno
da Cristo prese l'ultimo sigillo,
che le sue membre due anni portarno.

这件事情发生在1224年卡森蒂诺一座荒山的顶峰岩石上，这个隐秘的地方要通过两块巨石之间的木板方可到达。圣方济各的手脚都被刺穿，正如基督耶稣在十字架上承受的伤痕一样，同时圣方济各的身侧也有一处伤，与基督耶稣被长矛刺伤之处相似。这位圣者死于1226年。

诉说完圣方济各的精神之旅，托马斯严厉地斥责了他多明我会的同侪对物质贪婪无度的追求，与之前圣方

济各对贫穷的热爱形成强烈的对比。现在又出现了第二圈发光体，他们唱着甜美的歌，并围绕着第一圈发光体。但丁写道，这是“充满欢歌和流溢生辉的发光体的舞蹈盛会，如此可喜可爱”[①]。第二圈发光体中的一位是圣波拿文都拉，被称为撒拉弗博士（Seraphic Doctor），他在1257年成为方济各会的教团团长。波拿文都拉接下来对多明我会的奠基人大加赞赏。圣多明我（约1170—1221）是一位“伟大的宗师”，波拿文都拉宣称他是“对敌人严厉的神圣斗士”。圣多明我的形象更像是一股力量，而不是个性鲜明的人。这两首对圣方济各和圣多明我的赞歌听来正像是但丁要表达的一对主题——爱与战争。

托马斯故意用一段时间谈论了不同教会的教义。这几圈发光体唱着颂歌，赞美三位一体的神中的每一位。但丁突然到达了火星天，对他来说，似乎正是火星天的微笑牵引他们来到这里的。在火星天，但丁看到了一个由闪烁移动的发光体组成的十字架，发光体都唱着颂歌，

① 田德望译文为：“当这两个花环的舞蹈和歌声以及其中的那些充满幸福和爱的发光体的光芒交相辉映，这些盛大的欢乐表现，正如两眼根据意志的推动必然一齐开阖一样……”

这一幕但丁无法用语言形容。此时，发光体安静下来，其中的一个从十字架的右臂飞到十字架的脚下。这个发光体像安喀塞斯与其子埃涅阿斯在冥府相会时那样，对但丁说：“啊，我的骨血呀！”

这个发光体正是12世纪初期的勇士和但丁家族的创立者卡洽圭达。第十五章到第十七章都是卡洽圭达引人入胜的叙述，包括但丁的家族起源，佛罗伦萨悲惨的派系争斗的祸因，他还声情并茂地预测了但丁后来的流亡和1300年以后的苦难遭遇。

卡洽圭达和他的祖先们出生在圣皮耶罗马焦雷，这是佛罗伦萨每年一度的赛马最后进入的一个分区。勇士卡洽圭达谈起了他来自波河流域的妻子，“你的姓氏出自她家”——阿利吉耶里。他们的儿子阿利吉耶里一世仍然在炼狱山的第一平台环行，但丁在那里见过他。“他是你祖父的父亲。”远古时代的佛罗伦萨比现在要好，那里住着简朴、虔诚和勤劳的人们，人口仅有现今的五分之一（大概一万六千人）。卡洽圭达说起了赋予城市中坚力量和质朴民风的几个家族——卡斯台里尼（Catellini）、格雷奇（Greci）、萨恺蒂（Sacchetti）、基奥齐（Giuochi）、卡蓬萨柯（Caponsacco，贝雅特丽齐母亲的家族）——他说道，进入旧城墙围绕下的城市的城门之一，就是以极其谦恭的德拉佩拉（della Pera）家族命名的。[这座城门靠近露天竞技场。一块位于博尔戈格雷奇街（Borgo dei Greci）和圣菲伦泽广场（Piazza San Firenze）交界处的牌匾上标着它的名字。] 但是家族怨恨和贪欲使得这座“光荣正直的城市”因派系纷争而陷入血战。接着卡洽圭达读了在1216年复活节早晨死去的布翁德尔蒙特的碑文：

> 天命注定佛罗伦萨在她的和平的末日要向
> 守卫那座桥的残缺不全的石像献上一个牺牲品。

但丁大胆地向卡洽圭达打听他自己的命运，因为他已经从别人那里了解到一些蛛丝马迹——用但丁的话来说是“沉重的话语”。卡洽圭达回复但丁说，但丁将被逐出佛罗伦萨，这一阴谋已经被教皇策划好了。但丁将会舍弃一切。与他同为流放者的伙伴是疯狂无比且穷凶极恶的，直到但丁独自成为一派。但丁将要在维罗纳的封建主巴尔托洛梅·德拉·斯卡拉那里避难，然后转去坎格兰德那里。卡洽圭达接着向但丁给出了天上的教导：

“把你所见到的全部揭露出来……在这诸天中，在那座山上，在那个悲惨的深谷里……”完成你的诗篇，并将其流传出去。

其他圣洁的勇士的发光体一边闪烁一边沿着十字架移动，他们也被认出了名字。但丁这时与笑容更加灿然的贝雅特丽齐一起，在一个旋转的圆周上被神奇地送到了第六层天，即木星天。这里是正义仁慈的国王们的所在地。木星天的箴言由一串闪动的发光体组成的字母拼出。但丁终于认出了这串字母显示的话语：“爱正义吧，你们做世间法官之人”［语出《所罗门的智慧》（*Wisdom of Solomon*）］。但丁在对此稍加思索之后，提出了他心中一直所怀的关于公正审判的疑问。

公正的天国是什么样的？但丁问道。这个问题是针对那群显形为鹰的发光体而提出的。飞翔的鹰正是正义的标志。这只由发光体组成的鹰，嘴里发出的回应是“声音从未说过，笔墨从未写过，想象力从未构思过的”。但丁继续追问。倘若一个人出生在这样一个地方，那里没有人向他宣讲基督的教义，那里也没人会读会写。这个人的一切欲求和行动都是良善的，他的一生并无罪过，但是未受洗而死。“判他罪的正义在哪里呢？”这只鹰边盘旋边歌唱，它回复但丁让他不要再说了："你是什么人，竟想逾越正义之源的上帝的审判？[①]不信基督者从未有人升入这个国度。"

鹰继续用略有不祥的声音说道，很多宣称爱基督的人最终都进了地狱，在辛克莱所说的"皇家黑名单"上添加了新的名字。列在黑名单上的是那些有史以来一直到法国腓力四世的糟糕的国王们。这一串名单向读者隐晦地传达了但丁个人的评判。前九节诗的开头字母重复了三遍"LUE"：这是一个中世纪的意大利语词（lue），意为灾病，或更准确地说是一种类似梅毒的传染疾病。辛克莱指出，这些字母可能有此含义，也可能并无特殊含义，而"对于但丁来说，没有什么是没有意义的"。

接下来的第二十章，鹰的声音轻柔下来，对但丁说，确实有不少异教徒得到救赎。他提到，比如说心怀天下、为民请愿的罗马皇帝图拉真（Trajan，死于公元117年）。通过教皇格利高里一世（Pope Gregory I）在大概五个世纪之后对图拉真的祈祷，图真拉被获准进入了天堂——这一传奇故事来自托马斯·阿奎那。

---

① 田德望译文为："你是什么人，你竟想坐在法官椅子上，用一拃视距的目光判断千里之外的事物？"

天国的军乐逐渐止息，四下一片沉寂，但丁这时才意识到他所抵达的新场景和里面的居民。用贝雅特丽齐的话来说，他现在已经到了“第七重天”：沉思者所在的土星天。其中有代表性的一位就是圣本笃（Saint Benedict）。他是6世纪喀西诺山（Monte Cassino）上修道院的创立者。但丁注意到有一座梯子“一直通到那里，因而为你的视力所不及”。这就是雅各所梦想的通天之梯。但丁看到“光”在梯子那里上上下下。圣本笃和他的同伴们“旋风似的”集合在一起。贝雅特丽齐轻轻的一个动作就让但丁“跟在他们后面”登上了那座梯子。“动作从未如此迅速过。”

这是一段瑰丽无比的幻想。在这段精神上升之途，但丁已经越过了重重星体，到达了恒星天：已经超越了一个个被救赎的灵魂——超越了那些沉思者、法律制定者、勇士、神学家和哲学家——还有那些更低层的被世俗情欲玷污的或迟于忏悔的人。

正如但丁察觉到的，在某种程度上，他已经到达了他的本体。因为他发现自己已经处于双子座所在的那层天，但丁正是在此星座下出生的。从星座学角度讲，双子座可以激发在其影响下的人的文学和智慧的能量。但丁是一个狂热的星相学者，他歌颂双子座为“孕育着巨大力量的光啊，我承认我所有的天才，无论是什么天才，都来源于你们”。双子座上升于5月18日到6月17日之间，“当我初次呼吸托斯卡纳的空气时”。这是但丁自我探索之旅中的一个高潮时刻，我们也是由此推算出他生日的。

贝雅特丽齐请但丁透过他们经过的天体，俯视下方的地球，地球从这个高度看过去的“那副可怜相”不禁让但丁微微一笑。贝雅特丽齐接着要求但丁：“你快看基督凯旋的大军……”贝雅特丽齐看起来容光焕发，“她的眼睛那样喜气洋溢，以至我无法形容而只好从略”。他们眼前的是“一个太阳在数千盏灯的上方把他们通通照亮”，那些被救赎者正环绕着救世主耶稣。圣光是如此耀眼强大，以至于但丁难以忍受。他知道，这刺目的智慧之光开通了人间和天堂之间的路。贝雅特丽齐理解地让但丁转过来看她，“张开眼睛来看我是什么样子吧”。因为贝雅特丽齐不仅是神圣的智慧，也是但丁爱恋的人。两个身份相糅合，贝雅特丽齐正是天国。“这神圣的诗篇在描写天国时，”但丁说，“（如同发现自己的思路被切断一样）不得不跳过这一点去……不是小船所能胜任的航程。”

但丁见到了圣母马利亚，“最大的火光”，她“吸引我聚精会神”。大天使加百利降落到圣母马利亚跟前，围绕着她，为她冠以一圈火焰。圣母马利亚不断上升，直到视野之外。这仪式性的一幕富有节奏，旨在为但丁最后看到的景象做铺垫。神圣的旅程继续进行。一群喜悦称颂的发光体出现在眼前，当中有一团“异常灿烂的火焰”围绕着贝雅特丽齐转了三圈。“所以，”但丁承认，“我的笔跳过它不加以描写。”这团火焰是天国钥匙的持有者圣彼得，他来的目的是看但丁是否有资格进入天国的最高层。圣彼得对但丁进行了一轮天上的口试，考问他“信仰”的意义。但丁引用圣保罗的话来回答圣彼得：信就是所望之事的实底。但丁被问到自己的信仰，他背诵基督教的信条来回应：“我信仰一神，唯一和永恒的上帝。”同时但丁还引用了摩西、先知的话以及诗篇（Psalms）中的内容作为他信仰的来源，接着说到了神的三位一体，总结道：

> 这就是那后来扩张成为火焰的、如同天上的一颗星似的在我心中闪耀的那颗火星。

如同一个校长对学生的表现全然满意一般，圣彼得拥抱了但丁，他的光包围但丁三次，唱颂着祝福。

从个人的角度来讲，这是一场艰苦的自我检验，是但丁对他自己真正所信之事的探索。通过这场探索，他得以清晰地表述了他对基督教教义的接受以及在何种条件下接受。对等着他回去的那个世界来讲，他确确实实地变了个人，《天国篇》的第二十五章开头可以明显地看出这点。倘若这首他辛勤耕耘多年的圣歌能够克服迫使他背井离乡的残酷，那么：

> 我将带着另一种声音、另一种毛发，作为
> 一个诗人回去，在我领礼的洗礼盆边戴上桂冠。

接下来，圣彼得、圣雅各和圣约翰三人——原文表达得十分隐晦——代表着信、望、爱的三超德。但丁用力想看清圣约翰的本尊，听清他的声音，以至于他一时什么也看不见。圣约翰问但丁："你为什么要看这里没有的东西，结果使自己目眩神晕？我的肉体在土里已经成了尘土，而且将同一切其他的肉体一起留在那里，直到我们的人数和永恒的神意所确定的数目相等为止。"我们

可以感到，但丁对基督复活问题的理解愈加清晰。《天国篇》的第十四章中，为了回答关于天国里观照功用的问题，提到了所罗门所说的，“圣洁的肉体”将被保留，人接近完美，也让上帝更为接受。第二十二章中，但丁问圣本笃能否看到他“不被光遮住的形象”，看到他的肉身。圣本笃慈祥地告诉但丁，这将在“最后的一重天上得到满足，在那里一切其他灵魂的愿望和我的愿望都将得到满足”。马利亚和耶稣处于那些在地上出生的人之列，已经带着他们的肉体升入了天国。以上都是这位集诗人、戏剧家和流浪的基督徒于一身的但丁所说出的。作为一个文学艺术家，但丁的诗歌创作确实离不开具象肉体生命的存在。

在但丁升到最后一层天之前，还有时间听圣彼得又对他的后继者——罗马贪得无厌的教皇们抨击了一番。他称他们为“贪婪的狼”——听到圣彼得如此激烈的话语，连贝雅特丽齐也害起羞来。（但丁想让我们知道，天堂和人间一样有政治惹发的愤怒。）现在到了原动天，用贝雅特丽齐的话来说，这是使宇宙运转的最初动力，是一切时间和空间的来源，是宇宙的起点。但丁转过身来，看到一束光，如此强烈刺目，让他的眼睛难以承受。一个光圈围绕着这束强大的光，紧接着外头又绕了一圈，直到总共有九个光圈层层围绕。现在但丁的面前，是被九圈天使围绕的上帝之光。这是贝雅特丽齐带领但丁最终看到的景象。但丁说，神圣的智慧“被那位使我得以进入天国的圣女揭露”[①]——用诗人但丁自己发明的说法是“che 'mparadisa la mia mente”。但丁将贝雅特丽齐尊为上帝的真理，并比从前任何时候都更爱她。但丁凝望着贝雅特丽齐，觉得看到了那“一双被爱神作为俘获我的绳索的美丽明眸”，正如他九岁时的旧日重现。

但丁发现，在净火天，“现在”就是所有的时间，“这里”就是所有的地点。来到这里的人具有瞬时洞视一切的天使能力——这是最具吸引力的中世纪教义之一，也是天使博士托马斯·阿奎那所强调的。他们还具有天使的分身能力，即同时身处两个地方，比如火星天和净火天。

但丁和贝雅特丽齐现在到达了净火天，“纯粹由光形成的天”，用贝雅特丽齐的话来说，“这光是心智之光，

① 田德望译文为：“那位使我得以进入天国的圣女揭露可怜的人类的现实生活和启示真理以后……”

充满了爱”。此刻，贝雅特丽齐的美已经超越理解之范围，但丁在这一难关遇到的失败甚于其他任何一位喜剧或悲剧诗人。但这仍然是但丁认识的那个来自科尔索大街的年轻女子，尽管他抛弃了这个主题：

> 自从我今生在世上第一次看到她的容颜那天起，到这次在此处看到她，我对她的歌颂从来未被困难阻断……

但是此刻，但丁对贝雅特丽齐的歌颂要就此罢笔了，“像每个艺术家达到他能力的极限时一样”。

但丁在第十层也是最后一层的净火天看到了“天国的军队”：那些在人间被救赎的现在回到了他们永恒的家。这一军队的场景为贝雅特丽齐随后说的事情做了铺垫。贝雅特丽齐提到，这里是为“崇高的亨利”——卢森堡的亨利七世——预留的地方，“他将在意大利尚未做好准备时就来整顿她”。但丁于1320年写道，他知道亨利后来的努力化为泡影。可是但丁还是借此机会抨击那些掣肘亨利的势力，包括被赶到地狱较浅层的克莱芒五世和卜尼法斯八世。

被救赎的灵魂像一朵巨型玫瑰的花瓣那样排列着。天使像蜜蜂般在被救赎的灵魂和上帝之间飞来飞去，带着彻底的平和与热烈的爱——这是但丁对于完美的两个理想。眼见此景，但丁不禁回想起他所经过的路途，“从人间来到天国，从时间来到永恒，从佛罗伦萨来到正直而心智健全的人民中间”。

但丁最后的向导出现了：克莱尔沃（Clairvaux）的圣伯纳德（Saint Bernard），他是12世纪的修士和神秘主义者，修道院的创立人，也是圣母马利亚的特别信徒。他是一个完整的人的形象，他的眼睛和双颊泛着荣光，他的手势充满仁慈。圣伯纳德告诉但丁，贝雅特丽齐现在正处于“从最高的那一级往下数的第三环……坐在她的功德令她获得的宝座上”。但丁向这位将他从奴隶状态解救出来并赋予他神圣力量的贝雅特丽齐做了离别的祷告。伯纳德让但丁举目眺望那最外围的一圈，诗人但丁看到一千多个发光的天使在起舞，在他们中间，“一位美人对他们的欢庆表现和歌声显露着微笑”——她就是圣母马利亚。

结尾的一章里，伯纳德恳求圣母马利亚允许但丁能见到上帝。但丁的视力被净化，他向那道真理之光望去。

诗人不得不和自己较量起来，形容说这圣光超过了语言表达之极限——“我所见的几乎完全消失”——但丁试图要恢复他的记忆，他请求上帝的帮助：

> 使我的语言表达力那样强，以至于它能把你的荣光的一小粒火星留传给将来的人们；因为，如果我的灵见的一星半点儿能回到我的记忆中，而且有几分能在这些诗句中得到反响，人们将对你的胜利获得更清楚的理解。

确实如此。带着激动无法抑制的声音，但丁告诉我们，他将他的观照与“无限的善”合二为一了。

> 在那光的深处，我看到，分散在全宇宙的一切都结集在一起，被爱装订成一卷。

但丁的记忆慢慢褪去，他又欢快地唱起最后一首称颂的圣歌，他的全身心都被爱所感动，这同样的爱，也在推动着但丁逐一经过的诸星体。

我的欲望和我的意志已经在爱的作用启动下，好像各部分全受相等动力转动的轮子似的转动起来，这爱推动着太阳和其他的群星。

《天国篇》引用群星作结，正如《地狱篇》和《炼狱篇》的结尾一样：

l'amor che move il sole e l'altre stelle.
（这爱推动着太阳和其他的群星）

《天国篇》完成于1320年，很快就流传开来。在接下来的时间里，但丁在拉韦纳愉快地以文会友，并兴致勃勃地与博洛尼亚的乔瓦尼·维尔吉利奥进行诗歌上的交流赠答。1321年的春天，但丁又被传唤履行了一项公共事务。从威尼斯和拉韦纳来的船只在亚得里亚海相撞，两艘船的船员陷入激战。恼羞成怒的威尼斯公爵乔瓦尼·索兰佐（Giovanni Soranzo）与福尔里及其他邻近地区的封建主串通一气，企图将拉韦纳纳入他的势力范围。圭多·波伦塔焦急地派遣但丁和其他几位使者北上，到这座水城求和。

我们听到的一个有趣传说是，威尼斯人因为太敬畏但丁的演讲能力，拒绝让他在会议上发言。这个传说说明，当时随着《神曲》《论世界帝国》和其他政治著作与书信的流通，但丁已经声名显赫。无论如何，但丁这次出使卓有成效，和谈的结果是一个后续的代表团在 9 月签订了和平条款。

但丁在回到拉韦纳之后，决定由陆路完成一部分路程。他走的路线要经过沼泽，在那儿他得了疟疾，正如圭多·卡瓦尔坎蒂早在二十年前于西意大利一片沼泽地里的经历一样。但丁在 1321 年 9 月 13 日（或 14 日）于拉韦纳去世，享年五十六岁。

他的遗体被戴上桂冠抬到了拉韦纳的圣弗朗切斯科（San Francesco）教堂。一个世纪之后，佛罗伦萨人——现在将但丁誉为他们最伟大的诗人——开始了对他遗骨的一系列争夺，试图将之往南带回佛罗伦萨。1519 年，一个由教皇利奥十世（Pope Leo X）授权的使者出现在拉韦纳，负责将但丁的遗骨带回给佛罗伦萨的米开朗琪罗。米开朗琪罗已经迫不及待地要为但丁设计建造一座宏伟的陵墓。然而地穴里是空的——方济各会的修士出于安全的考虑，已经将但丁的遗骨挪走了。1677 年，但丁的遗骨又被秘密地挪动了一次。直到 1865 年，建筑工人准备重修附近的一座小教堂时，无意中发现了它们。

但丁的遗骨现在被安置在圣弗朗切斯科教堂一座庄严的坟墓中。这座坟墓于 1485 年由彼得罗·伦巴尔多（Pietro Lombardo）设计建成，饰有诗人但丁的浅浮雕。碑文是在但丁去世后不久写成的，文中提到了但丁经历的颠沛流离和他写下的诗篇，以及他离开“缺乏爱心的母亲”佛罗伦萨后的流亡生活。这座坟墓被供奉于一座由卡米洛·莫立迦（Camillo Morigia）1780 年建造的美丽寺庙。

约翰·拉斯金（John Ruskin）评价但丁为“整个世界的中心人物”。在但丁身上，人类“想象力的、道德的和智力的官能”达到了最高程度的发挥，和完美的协调一致。拉斯金认为，但丁是有史以来人类对终极真理的探索最优美的表达者。这段话［出自《威尼斯的巨石》（*The Stones of Venice*），1851—1853］极其贴切，引人回味。拉斯金这里说到的“世界”指的是西方世界，尤其是英格兰和欧洲大陆。随着时间流逝，但丁在全世界的文学地位愈加巩固，只有莎士比亚可与之媲美。

但丁博物馆（Museo Dantesco）的建立就是但丁崇高文学地位的印证。博物馆坐落在拉韦纳的圣弗朗切斯科教堂里，由见多识广、饱学又好客的恩佐·凡蒂尼牧师（Fra Enzo Fantini）负责。仅在近期，博物馆就举办了以各种语言展开的关于但丁的会议和诵读活动，包括俄语、土耳其语、罗马尼亚语（一场大型的活动）、葡萄牙语、西班牙语、汉语、日语、英语[艾伦·曼德尔鲍姆(Allan Mandelbaum）在这里举行过他《地狱篇》译文的诵读活动] 和意大利语。从随之而来的评论和展出情况来看，全世界的读者对但丁才华横溢的欣赏显然不亚于拉斯金。

当然但丁也渗入到意大利文化的方方面面。但丁的见证人米开朗琪罗恐怕是但丁之后最热情、杰出的佛罗伦萨人，据说他能记住《神曲》的大部分，他一生的作品——我们光想到他的《最后的审判》(*Last Judgment*, 1541）就够了，在取材于《地狱篇》的许多全景式场面中，这件作品可谓是人体肌肉线条最为鲜明，也是最悲惨的——充满了但丁式的意象和回响。

但丁同时成为“意大利文学的标志性人物”，乔纳森·加拉西（Jonathan Galassi）评价但丁为“第一个将语言从它传统经典的阴影中带出来的人”。这段评价出现在加拉西对埃乌杰尼奥·蒙塔莱（Eugenio Montale）《诗选1920—1954》（*Collected Poems 1920—1954*）经典译本的后记中。埃乌杰尼奥·蒙塔莱是20世纪最伟大的意大利诗人，是1975年的诺贝尔奖获得者。加拉西指出，蒙塔莱的整个写作生涯就是一场与但丁的充满创造性的斗争。“据说蒙塔莱在中年时期对抗的作品是但丁的《新生》”，蒙塔莱同样也将他互不连贯的爱情诗整合为某种小说。他的诗集《暴风雨》（*La Bufera*）的高潮处充满了寓言性，“越来越具有《神曲》的气氛”。

在过去两百多年里，但丁对英国和美国文学的影响无所不在，他的影响是积极而具有活力的，以至于我们只能有限地列举一些但丁派的主要作家。说起雪莱，尽管他对但丁的教条式思想充满反感，但仍受到但丁很深的影响。他的《解放的普罗米修斯》（*Prometheus Unbound*，1820）最后一幕的“将音乐、舞蹈和光影神秘的度量交织在一起”[①]一句直接取自《天国篇》。《生命的胜

① 本书译者译，未找到田德望译本的直接对应句。

利》（*The Triumph of Life*，1822）巧妙地运用连锁韵[②]，是《地狱篇》的一次重现。在这部作品里，卢梭（Rousseau）担任了类似维吉尔在《地狱篇》中的角色。拜伦的《但丁的预言》（*The Prophecy of Dante*）写于拉韦纳，描写了但丁在拉韦纳的时光，但是拜伦笔下的但丁形象比但丁本人更为悲惨——“站在绝望的孤独之石上”。罗伯特·勃朗宁的诗歌《索德洛》（*Sordello*，1840）如我们之前提到的，模糊隐晦而又摄人心魄地让人联想到但丁在炼狱山上遇到的那个人物。这些作家和他们同时代的人都深深汲取《神曲》中的元素。但丁·加百利·罗塞蒂（Dante Gabriel Rossetti）一直追溯到《新生》和但丁的雅歌以及其他抒情诗，还有激发但丁写下这些诗歌的贝雅特丽齐。他对这些温柔的新体诗歌的翻译注入了维多利亚时代的甜美风格，这些翻译的诗歌最后被收录成集，名为《但丁及其社交圈》（*Dante and His Circle*，1874）。

说到美国，爱默生在他的日记（1846年春天）里比拉斯金更早将但丁称为“中心人物”，尽管对爱默生来说，但丁只是几位偶像中的一位——其他几位是苏格拉

② 连锁韵（terza rima），田德望译本为“三韵句”，这里为强调其通过连锁押韵方式衔接各段的特点，且与三连韵（tercet）区分，故译为连锁韵。

底、莎士比亚、米开朗琪罗、耶稣——他们都是“在心上留下烙印”的典型人物。朗费罗（Longfellow）1828年在罗马读到了《神曲》的原文，当时他二十一岁［或许之前他看过亨利·卡里（Henry F. Cary）1814年的早期英文译本之一］。几十年后，朗费罗在哈佛大学讲授了几年关于但丁的课程，接着他开始翻译《神曲》。朗费罗有时会与他文学上的伙伴詹姆斯·洛威尔（James Russell Lowell）和查尔斯·诺顿（Charles Eliot Norton）合作，终于在1867年完成了翻译。朗费罗审慎的传记作家牛顿·阿尔文（Newton Arvin）评价朗费罗的译本时（1965年）说，尽管存在一些瑕疵，但其无韵体诗译本“从广度和新颖性的角度来看几乎是伊丽莎白时代式的”。1882年，朗费罗创立了但丁协会，入会是有门槛的。协会的活动在麻省剑桥布拉特尔街（Brattle Street）上朗费罗的住所举行，豪威尔斯（Howells）[①]是但丁协会忠实的会员，可有时也不禁对其望而却步。

近观当代，我们可以发现埃兹拉·庞德几乎彻底重写了但丁，包括《论俗语》。庞德华丽而又粗乱的史诗《诗

① 豪威尔斯（1837–1920），美国小说家，文学评论家。

章》（*The Cantos*）写了五十多年，所构想的内容（他在晚年冷冷地说）“并不在《神曲》里”。整本书是对但丁诗歌加以引用和反写的一个华丽的集锦。

在 T. S. 艾略特一生的文学创作里，但丁都对他的思想和想象力有挥之不去的影响。1950 年 7 月，伦敦的意大利协会举行了一场名为“但丁对我意味着什么”的谈话活动（艾略特之前在 1929 年发表过一篇关于但丁的长文）。艾略特在活动上说，1909 年，也就是他大学四年级的时候，他在哈佛大学（但丁在哈佛仍备受尊崇）第一次读到《神曲》的一个散文体译本，现在四十年过去了，他仍然认为但丁的诗歌“是对我自己的诗歌创作影响最持久也最深刻的”。艾略特引用了他从但丁作品中借用的内容，试图“在读者心中勾起一些但丁式的情景，继而在中世纪的地狱和现代的生活之间搭建起某种联结”：比如，在《荒原》里“有一个场景，市政职员们从火车站成群结队地跨过伦敦大桥赶往他们的办公室，这使人联想起但丁《地狱篇》的开头关于未真正活过的卑怯之徒的描写，‘我决不相信死神已经毁掉了这么多的人’”。我们可以回想前文提到的圭多·蒙泰费尔特罗带有嘶嘶声的话语，还有被艾略特拿来用作《J. 阿尔弗雷德·普鲁弗洛克的情歌》的题词："S'i' credesse…"（假如我相信……）

艾略特接着提醒我们，在他《四个四重奏》（*Four Quartets*）的最后一部《小吉丁》（"Little Gidding"）里，他加入了用三连韵写成的一长段诗，试图"通过对比，在读者的脑海中呈现一个平行世界，一头是但丁历游过的地狱和炼狱，另一头是幻想中空袭过后的场景"。这段话的开头如下：

在清晨降至，那不明不昧的时辰
无尽的暗夜就要逝去
这周而复始的，无尽的尽头

这首诗脱胎于《地狱篇》的第十五章中，但丁和布鲁内托·拉蒂尼相见的情景。它借用了《地狱篇》里的语句（"烧伤的脸"以及其他），也同样有一个声音喊道："什么，您在这里吗？"然而值得一提的是，T. S. 艾略特对维多利亚时代和浪漫主义派的"欢乐、乐观和充满希望"的风格有着先天的反感——这些形容词来自但丁早期的文章——但丁对于邪恶的认识让艾略特钦佩有加，将之视为这位佛罗伦萨诗人的主要才能，尤其是将性视为邪恶：这是艾略特在《新生》中发现的令人不安的一个核心主题。

在美国，罗伯特·潘·沃伦可谓是我们时代最杰出的文学家。他用《炼狱篇》中的一个短语作为他的作品《国王的全班人马》的题词；他早期的一部小说《在天堂门口》（*At Heaven's Gate*）取用了《炼狱篇》的道德框架；在他的最后一部小说《归宿》（*A Place to Come To*，1977）里，他描写了一个以但丁为题写博士论文，后来成为知名学者的年轻的南方人。沃伦曾经和他的女儿罗莎娜（Rosanna）在他们佛蒙特的夏日家庭居所夜复一夜地互相朗读《神曲》。在沃伦生病期间，罗莎娜把整首《地狱篇》录下来放给她父亲听。

沃伦比其他任何当代人都更能展现但丁在其文学思想上的一贯影响。在沃伦最后写就的诗歌之一《真爱》（"True Love"，1985）里，沃伦回想起他在小小年纪时，曾看到一位美丽的邻家女孩儿，让他怦然心动。两年之后，他们再次相遇，这个女孩儿向他微笑着，"说出了我的名字"。这一幕在沃伦心中引起了巨大的激荡。之后那个女孩儿就远远消失在了视野里：

然而我清楚，她的美貌永存，她住在
那美丽的房子里，离我那么遥远。
她曾唤过我的名字一次。我甚至不晓得她
知道。

沃伦当时还是肯塔基州的一个乡村男孩，在青春年少时被爱冲昏了头脑。他用某种讲究的肯塔基风格说，在那个女孩儿叫过他的名字之后，“我以为我会无动于衷地醒过来”。但颇有趣的是，这首诗无疑是《新生》的三十六行版本：一行一行温情脉脉的诗句，从童年的初遇到最后想象中的天国之福。但丁的影响体现在沃伦和他以后很多美国诗人的作品里，如天国里众多灵魂之一那样闪耀着，歌唱着，微笑着。

参考文献

一手文献

文本与翻译按照写作顺序排列。

Dante's Lyric Poetry（1967），由 Kenelm Foster 与 Patrick Boyde 编辑。第一卷:文字与译文。第二卷:评论(非常完整)。

Vita Nuova（1995），意大利文本及英译对照，作者 Dino S. Cervigni 与 Edward Vasta。该版本堪为典范，诗歌散文皆译笔精湛，书中包括主题索引和古典术语词汇表，并附有关于作品结构的论述。北卡罗来纳大学教堂山分校的 Cervigni 教授也慷慨地提供了其他方面的帮助（下文会提到）。

De Vulgari Eloquentia（1991），拉丁文本及意大利文

译文；序言与附录的作者是 Vittorio Coletti。

Il Convivio（两卷本，1934），文本包括评论，由 Giovanni Busnelli 与 Giuseppe Vandelli 编辑，前言作者 Michele Barbi。*Dante's Convivio*（1909），英文译者为 William Walrond Jackson.

De Monarchia（1965），由 Pier Giorgio Ricci 编辑。

La Divina Commedia。经过与 Dino Cervigni 讨论（见下方），以及查看我过去多年参考的英译版本（Laurence Binyon, Dorothy Sayers, John Ciardi, Allen Mandelbaum）后，我决定听取 Cervigni 教授的建议，主要使用 Temple 经典版。该版本包括了意大利文和英译对照，其中包括：*Inferno*，1900 年出版，主要使用 1867 年的 John Carlyle（Thomas Carlyle 的兄弟）译本；*Purgatorio*, 1901 年出版的 Thomas Okey 译本；*Paradiso*，1899 年出版的 Philip H. Wicksteed 译本。我也听取 Cervigni 教授的建议，不时对动词形式和动词的选择进行了现代白话的处理。

我多次参考 John D. Sinclair 的散文体译文（三卷本，1980）。Sinclair 对但丁的诗文逐首进行评论，内容丰富，洞察敏锐，我偶有提及，但对我的借鉴意义不止于此。

我出于兴趣和好奇心，不时重读了 Robert Pinsky《地狱篇》(1994)散文体译文的部分章节。

The Portable Dante(1947),Paolo Milano 作序。此书遴选了但丁写给“穷凶极恶的佛罗伦萨人”以及国王亨利七世的一些信件等等,对我尤为受用。

其他资料与评论

William Anderson, *Dante the Maker*(1980)。最精良详细的英文版但丁传记。

Piero Bargellini,*Vita di Dante*(1964)。该书对但丁的人生娓娓道来,作者为20世纪60年代佛罗伦萨的代表公民及主要的现代历史学家。Lionardo Bruni:请见后面C.A. Dinsmore条目。

Eve Borsook,*The Companion Guide to Florence*(第6版,1997)。不可或缺的导读内容,最近更新。

Dino Compagni, *Cronica*(1968年版,序言和附录作者Gino Luzzatto)。该书详细描述了1215年到1315年的佛罗伦萨,作者见证了这一时期的大部分历史。

Charles Allen Dinsmore,*Aids to the Study of Dante*

（1903）。这部精美的书（献给 Charles Eliot Norton，哈佛大学艺术教授及但丁译者）包括了但丁所有著作的研究。该书具有珍贵的现世价值，它包括了薄伽丘对但丁人生的记录、但丁的同时代朋友 Giovanni Villani（见 *Cronica*）的描述，以及 Lionardo Bruni 笔下但丁短暂却精彩的一段人生（1389—1444）。

Steve Ellis, *Dante and English Poetry: Shelley to T. S. Eliot*（1983）。针对这一丰富而复杂的课题，展开了充实细腻的研究。

Francis Fergusson, *Dante's Drama of the Mind: A Modern Reading of the Purgatorio*（1953）。*Dante*（1966）。研究但丁的作者是知识渊博的文学评论家及其时代的历史学家。Fergusson 的"戏剧化的敏感性（histrionic sensibility）"概念用在但丁身上别有意味（请见他的杰作 *The Idea of a Theater*）。

A. Bartlett Giamatti 编辑，*Dante in America: The First Two Centuries*（1983）。观察敏锐，往往行文优美，评论出自 Longfellow，Lowell, Allen Tate, Francis Fergusson 以及 Robert Fitzgerald 等，由这位耶鲁前校长别具匠心地汇编在一起。

Amerigo Parrini, *With Dante in Florence*（C. Danyell Tassinari 译，未注日期［1930］）。该书带着读者认识坐落在佛罗伦萨“历史中心”的多幢大楼上的三十一块牌匾，每一块都有一段出自《神曲》的题词。书中包括每块牌匾上题词的翻译与解释，以及简略的背景介绍。

Giorgio Petrocchi, *Vita di Dante*（1983）。由当今最权威的但丁学者写就的堪为标准的但丁传记。Petrocchi 功绩不浅，我试举一二：他提供了但丁在 13 世纪 90 年代末期政治生活的细节，并定期对他主要前辈的观点和构想进行评论。同时他对但丁家庭丰富的知识也同样宝贵。

Enciclopedia Dantesca（六卷本，第 2 版：1984），丰富地涵盖了关于但丁的所有主题，由 GiorgioPetrocchi 编辑。

Ricardo J. Quinones, *Dante Alighieri*（Twayne 世界作家系列，1979）。行文优美简短（212 页）的文学传记，主要着墨于但丁的艺术道路发展。

致　谢

我十分感谢位于北卡罗来纳州三角研究园（Research Triangle Park）的国家人文中心（National Humanities Center）。感谢该中心的主任罗伯特·康纳斯（Robert Connors）与肯特·马利肯（Kent Mulliken）先生于1998年的秋天邀请我们前往访问两个月。访问的目的就是着手但丁传记的工作，为此，我定期与一个团队的研究员见面，他们都参与到了我的传记研究当中。在之前的几次访问过程中，艾伦·塔特尔（Allan Tuttle）和他的图书馆员工都为我提供了莫大的帮助。那里是我去过的最便于人文工作的地方。

威廉·科尔曼（William Coleman）和埃德维杰·阿戈斯蒂内利（Edvige Agostinelli）是我在佛罗伦萨的好邻居和学术上的好伙伴，是他们指引我（以及其他人）去参考乔治·彼得罗基（Giorgio Petrocchi）的但丁研究。约翰·霍兰德（John Hollander）凭着他深厚的文学史知识向我提出了关于但丁和T. S. 艾略特的建议。奈杰尔·阿尔德曼（Nigel Alderman）帮我找到了史蒂夫·埃利斯（Steve Ellis，见参考文献）关于但丁和英文诗歌的材料。莉萨·哈兰德（Lisa Harrlander）为我提供了宝贵的协助，包括图书馆里的研究和文字处理。在著书的后期，达尼埃尔·阿韦里（Daniel Avery）以他向来的高效率加入了进来。

与维罗纳隔着阿迪杰河相望的，是位于瓦尔波利切拉地区的加尔尼亚诺，皮埃罗利维兹·萨瑞格·阿利吉耶里（Pieralivise Serégo Alighieri）伯爵盛情招待我们，向我们讲述阿利吉耶里家族地产被但丁的儿子彼得罗1353年购买之后的历史，给我们看了但丁最后的直系后裔在16世纪50年代结婚时乘的马车，还领我们四处参观。[蒂莫西·里巴克（Timothy Ryback）和萨尔斯堡研讨会的苏珊·福克斯（Susan Fox）好意地将我们引见给萨瑞格伯爵]。萨瑞格伯爵还好意地为我们的下一个目的地即拉韦纳但丁中心的主任写了一封介绍信。同样热情慷慨的但丁中心主任帕德雷·凡蒂尼（Padre Enzo Fantini）给我们讲述了但丁遗骨在五百多年里经历的曲折古怪的故事，带我们看了但丁最后的墓地，我们沿途看到了以不同语言举办的但丁诵读会议的陈列品。凡蒂尼主任还为我们拿到了《神曲》完整的录音版。

在佛罗伦萨，我们和圣玛格丽特教堂（现在被人叫作“但丁的教堂”）的牧师帕德尔·塔西（Padre Roberto Tassi）有过一次有趣的长谈。我们感谢乔治（George）和南希·麦迪逊（Nancy Madison）将我介绍给他。帕德尔·塔西不仅对圣玛格丽特教堂了若指掌，并且对但丁和贝雅特丽齐曾经生活过的整个分区也十分了解，他带我们去精彩地参观了一番。在这附近的但丁故居，我们看到了中世纪佛罗伦萨和托斯卡纳的地图，以及 1289 年坎帕尔迪诺之战的战场布局。感谢 Gabinetto Vieusseux 图书馆及其才华横溢的联合主任毛里齐奥·博西（Maurizio Bossi），感谢博西主任对我的传记写作给出的建议，以及把皮耶罗·巴尔杰利尼（Piero Bargellini）写的但丁生平交给我。

我很幸运能够有以下编辑的帮助：企鹅集团的 Lipper/Viking 出版社总编辑詹姆斯·阿特拉斯（James Atlas）对此书授权并举办了几场生动且收获颇丰的会议；卡罗琳·卡尔森（Carolyn Carlson）是你能想到的最聪明周到的文稿编辑了；亚当·基尔施（Adam Kirsch）以鹰眼般的

敏锐通读全文，发现了多处需要更正的地方。

整本书完成前后，南希·刘易斯（Nancy Lewis）一直是我珍视的合作者和同伴。

最后，此书献给迈纳斯一家（Meiners），我对他们感激不尽：尤其感谢福斯托（Fausto）开车带我们去往阿利吉耶里家在帕尼奥勒的地产；感谢弗兰切斯卡提供关于卡普罗纳古老城堡要塞的信息；当然最感谢的是丽塔（Rita）这么多年给我们全家的陪伴和指引。

企鹅人生
Penguin Lives

乔伊斯	[爱尔兰] 埃德娜·奥布赖恩　著
简·奥斯丁	[加] 卡罗尔·希尔兹　著
佛陀	[英] 凯伦·阿姆斯特朗　著
马塞尔·普鲁斯特	[美] 爱德蒙·怀特　著
伍尔夫	[英] 奈杰尔·尼科尔森　著
莫扎特	[美] 彼得·盖伊　著
安迪·沃霍尔	[美] 韦恩·克斯坦鲍姆　著
达·芬奇	[美] 舍温·努兰　著
猫王	[美] 鲍比·安·梅森　著
圣女贞德	[美] 玛丽·戈登　著
温斯顿·丘吉尔	[英] 约翰·基根　著
亚伯拉罕·林肯	[澳] 托马斯·基尼利　著
马丁·路德·金	[美] 马歇尔·弗拉迪　著
查尔斯·狄更斯	[美] 简·斯迈利　著
但丁	[美] R. W. B. 刘易斯　著
西蒙娜·韦伊	[美] 弗朗辛·杜·普莱西克斯·格雷　著
圣奥古斯丁	[美] 加里·威尔斯　著
拿破仑	[英] 保罗·约翰逊　著
朱莉娅·蔡尔德	[美] 劳拉·夏皮罗　著
弗兰克·劳埃德·赖特	[美] 阿达·路易丝·赫克斯塔布尔　著

First published in the United States under the title of **Dante** by R.W. B. Lewis,
Published by arrangement with
Lipper Publications, L.L.C and Viking, a member of Penguin Group (USA) Inc.

A Lipper / Penguin Book

图书在版编目（CIP）数据

但丁 /（美）R. W. B. 刘易斯（R.W. B. Lewis）著；张心童译 .—北京：生活·读书·新知三联书店，2017.5
（企鹅人生）
ISBN 978-7-108-05939-0

Ⅰ . ①但…　Ⅱ . ① R…　②张…
Ⅲ . ①但丁（Dante, Alighieri 1265–1321）—传记
Ⅳ . ① K835.465.6

中国版本图书馆 CIP 数据核字（2017）第 064499 号

总 译 审　胡允桓
策划编辑　刘　靖
责任编辑　颜　筝
特约编辑　王怡翾　赵　轩
装帧设计　蔡立国　索　迪
版式设计　薛　宇
封面版画　袁亚威
责任印制　宋　家
出版发行　生活·讀書·新知 三联书店
　　　　　北京市东城区美术馆东街 22 号
邮　　编　100010
网　　址　www.sdxjpc.com
图　　字　01-2015-0174
经　　销　新华书店
印　　刷　北京市松源印刷有限公司
版　　次　2017 年 5 月北京第 1 版
　　　　　2017 年 5 月北京第 1 次印刷
开　　本　787 毫米 ×1092 毫米 1/32
字　　数　125 千字　　印张 8.125
印　　数　0,001—8,000 册
定　　价　38.00 元
印装查询：010-64002715
邮购查询：010-84010542